JN128270

いきなり一点に
すべての能力を集め、持続させる

30秒集中法

株式会社集中力 代表取締役
森 健次朗
Kenjiro Mori

ワニブックス

時計の秒針を30秒間見つめてみてください。

いかがでしたか。

たった30秒ですが、時間に意識を集中すると、意外と長く感じたはずです。

この30秒で集中状態をつくる技をご紹介したのが本書です。

ぜひ、実践し、あなたが持つ能力を最大限に引き出して物事に向かってください。

はじめに

集中力はすべての能力を凌駕《りょうが》する

本書は、「すぐに集中する」「集中状態を持続させる」ために、30秒でできる技術をご紹介しています。

状況や状態に左右されずに、「今、ここ」に自由自在に意識を集中させる技です。

「好きなことや、得意なことには集中できるのに、嫌いなことや苦手なこと、難しいことに臨むときには集中できず、成果に波がある」

「うまく集中できずに、違うことに意識が向いてしまう」

「気が散りやすく、集中が途切れて、目の前のことになかなか没頭できない」

「やるべきことをなかなか始められない。行動できない、先延ばしにしてしまう」

「他人や出来事、環境に影響されて心が乱れやすく、なかなか集中できない」

「ここ一番で集中できない。自分本来の能力を引き出せていないと感じる」

仕事や勉強をはじめ、様々なことに「集中できずに困っている」という悩みを持っている人は多くいます。

私たちは日々、多くの刺激を受ける状況で生きているのでしかたがありません。また、多くのことを同時に並行処理していくことを求められる社会人は、目の前のことだけに集中するのが難しいのです。

そこで、集中に関する悩みを解決するために、短時間で簡単にできて、精神的苦痛のない、現実に実行可能な集中法をご紹介します。

効率、能率、生産性、成果を高めたいという人、決めたことを習慣化させたいという人を意識して執筆しました。

❖ 一点集中のための「30秒集中法」とは？

集中とは、「一瞬に一点にすべての力を集めること」であり、集中力とは「一瞬に一点にすべての力を集める技術」で、集中術です。

繰り返しますが、本書でご紹介する技は、実際に指導し実証ずみの、30秒以内で行なえるものを厳選しました。

たとえば、「やるべきことに向かう前に、紙にペンで点を書き、それを見つめる」というような簡単な技です。

私は長年、集中力の向上に特化して企業や学校で指導をしてきましたが、いくら効果があったとしてもめんどうな技や、複雑な技は実践してもらえないとわかりました。

逆に言えば、**短時間でできてシンプルな集中術は、みなさん実践して効果を実感していただいています。**

実践していただくことで、スムーズに集中状態をつくることができます。また、集中が切れたときに行なっていただくことで、再び集中状態を取り戻し、集中を持続させることができます。

さらには、あなたの集中力のベースの底上げにもつながるのです。

私は、集中力はすべての能力を凌駕《りょうが》すると考えています。

どんな能力も集中状態で行なわなければ、効果がないからです。そう考えると、すべての能力は集中力にひもづいており、集中力なくして能力を引き出すことはできません。

だからこそ、すべての思考と行動の基礎の基礎である「集中力を高めるルーティン（決まり切った作業）」を、やるべきことに向かう前に30秒行なってみてください。

❖12年間「集中力向上」に特化して指導

私は、大学院を修了した後、スポーツ用品メーカーのミズノで15年間働き、競技用ウエアの開発を担当しました。シドニーオリンピックで12の世界記録を出した「サメ肌水着」なども開発しました。

仕事柄、一流のアスリートと接する機会が多かったのですが、トップ選手たちは集中のルーティンを大切にしていました。そのルーティンは、アスリートだけではなく社会人の誰もが実践できるものだったのです。

「誰もが一流アスリートと同じように集中を高められる」と感じたこともあり、私は集中力向上に特化して企業や学校で講演、研修、指導を行なうようになりました。

そもそも研究者であったこともあり、集中に関係する脳科学、解剖学、スポーツメンタルなどを学びながら試行錯誤《しこうさくご》を重ね、集中法を考えてきました。

おかげさまで、12年間もこの仕事を続けてくることができたのです。

本書では、今までの学習と指導経験から編み出した技術をご紹介していきます。

12年も続けられたということは、それだけ集中力を高められず困っている人が大勢いるということです。あなただけが悩んでいることではなく、誰もが悩んでいることですから、気持ちを楽にしてください。

集中に関する悩みを解決してきた実績のある技術のみをご紹介します。

❖集中力が高い人と、低い人の大きな違いは〝順番〟

私が集中術に関する試行錯誤を重ね、一流のビジネスパーソンやアスリートを見てきた中でわかったことがあります。

それは、集中力が高い人と、そうではない人には大きな違いがあるということです。

集中力をコントロールできる人は、「やるべきこと自体に集中することには、あまりこだわらない」ということです。ひとまずルーティンで集中状態をつくって、物事に向かうのです。

集中できない人は、

「やるべきことに対してのやる気を高める」→「集中して物事に向かう」

集中をコントロールできる人は、

「ルーティンで集中状態をつくる」→「やるべきことに向かう」

のです。つまり、順番が違います。

やる気やモチベーションが高まるのを待っていては、なかなか集中できないことになりますし、集中に波ができてしまいます。マインドを変えることは難しいのです。

目標も、集中には邪魔になることが多いのです。

ルーティンを駆使すれば、好きなこと、嫌いなこと、調子がいい日、悪い日、集中できる環境、そうではない環境にかかわらず、いつでもどこでも自分自身で集中状態をつくれるようになります。

成果を出す人、評価される人というのは、平均して常に高い集中状態をつくり、保つことができる人です。本書では、このできる人の集中法をご紹介していきます。

❖習慣化のため、そして、「仕事」と「独学」で成果を出すための集中術

本書は、効率と能率を高め、仕事の生産性や評価を高めたい人、独学をしていて成果を出したい人のための技を紹介しています。

また、決めたことをやり続けるためには、物事に集中して向かい、行動を重ねていくことが必要不可欠です。勉強、ダイエット、運動などの習慣化にも役立たせてくだ

さい。

具体的には次のようなことを解説しています。

「強い集中状態をつくるためのリラックス法」「ゾーンに入る技術」「すぐにスムーズに集中する技」「集中を持続させるコツ」「心身の疲労を取り除き集中力を高める秘訣《ひけつ》」「場面別に使うと便利な集中術」

最後に、集中に悪い習慣もご紹介しました。せっかく集中の技を身につけても、集中を妨《さまた》げる習慣を持っていれば台無しです。

ぜひ、集中にいいことだけをする習慣をつけてください。

たった30秒でできる簡単なことばかりなので、気軽に実践してみてください。

本書に書かれていることをすべて行なう必要はありません。自分に合ったテクニックをまずはひとつ選び出し、実践してみればいいのです。

森健次朗

いきなり一点に
すべての能力を集め、持続させる

30秒集中法

CONTENTS

Chapter 1

「今、ここに、すぐに一点集中する」30秒の習慣

集中力を自由自在にコントロールするために知っておくべきこと

Chapter 2

リラックスすることこそが集中のための最大の準備

「頭を切り替えられない」「気が散る」「集中が途切れる」を防止する5つの技

Chapter 3

すぐに目の前のことに集中する技術

集中力を底上げし「ゾーンに入る」ための3つの基本

Chapter 4

五感をうまく使いこなせば、集中の持続時間は延ばせる

シーン別に使える6つの集中儀式

Chapter 5

普段の習慣をちょっと変えるだけで「仕事」「勉強」の成果は変わる

重要なことを必ずやり抜く人の4つの秘策

Chapter 6

集中に悪い5つの習慣

集中ルーティンを台無しにしないための心構え

Chapter 1

「今、ここに、すぐに一点集中する」30秒の習慣

集中力を自由自在にコントロールするために知っておくべきこと

集中力は、すべてを凌駕《りょうが》する。

大きな成果を出すために必要なこととは、なんなのでしょうか。

発想力、思考力、理解力、段取り力、文章力、記憶力、情報収集・処理力、行動・実行力……、様々なことが思い浮かぶことでしょう。

これらはすべて成果を生み出すために役立ちますが、私はこれらよりももっと大切な力が集中力だと考えています。

なぜなら、〝すぐに強く〟集中状態をつくることで、あらゆる能力が引き出されるからです。

どんなに計画力があったとしても、一つひとつの作業を集中して行なえなければ意味がありません。

どんなに実行力があっても、集中できなければ行動の質は下がってしまいます。

その他の力に関しても同じことで、集中力がなければ成果はなかなか出づらいのです。
つまり、集中力を高めてこそ、様々な能力を引き出すことができ、すべては集中力にひもづいているのです。

すべての能力のベースである集中力がなければ、成果は出せません。

逆に言えば、他の能力がなくても、集中力さえあればなんとかなってしまいます。
目の前のことに強い集中で向かうことができれば、段取り力や発想力などがなくても、なんとか一定のレベルの成果は出せるものです。

仕事も勉強も、そしてスポーツも芸術も、一流どころが意識しているのが、集中力をいかに高めるかということなのです。

たとえば、一流のアスリートは自分なりに集中を高めるためのルーティンを持っています。あなたも選手が競技に向かう前に、音楽を聴いたり、ひとり言をつぶやいたりしているのを一度は見たことがあるのではないでしょうか。

業界に関係なく、トップになればなるほど「集中状態をいかにしてつくるか」ということに意識を向けているのです。

とにかく、集中力こそ、自分の能力を最大限に引き出すとわかっていて、もっとシンプルに言ってしまえば、集中力はすべての能力を凌《しの》ぐと知っているのです。

創造こそが評価につながる

集中できると、物事に没頭することができますが、メリットはそれだけではありません。そこから、直感や想念（心に浮かぶ考え）を生み、創造することができるようになります。

集中することで、物事を思考し、発想を生むことができ、記憶したり、記憶を引っ張り出す感覚も鋭くなります。

仕事でも勉強でも、それをなぜやるのかと言えば、何かについて考え、新しい発想や価値観をつくり出すためです。

この**創造の作業こそが**、**成果となり**、**評価につながる**のです。

集中とは、「今、ここに意識を集めること」にとどまらず、その先に大きな成果を生み出してくれるのです。

集中することで、「直感」→「想念」→「創造」という流れが生まれます。

仕事でも勉強でも、評価されるためには他にはない情報、過去にない思考、時代のニーズに適応した答えを生み出すことが大切です。

時代や市場、現場が欲しい答えを、新しくつくることが重要なのです。

人間は自分の能力を使って、過去や現在の情報を頭の中でかけ算し、化学反応を起こしていくものです。

情報をひらめきという直感、想念に変え、何かを創造していくことができます。

たとえば、今のあなたの知識が〈青〉だとします。新しく知った情報を〈赤〉だとすると、頭の中で混ざり合って新しく〈紫〉ができ上がります。

新しい情報を知ることで、〈紫〉というひらめきが生まれるのです。

「集中→直感→想念→創造」という流れは、業界や職種に関係なく、成果を出す場面で当てはまります。

集中力から始まるフローが大きな成果を生む！

たとえば、会議の場面を考えてみましょう。

【集中】 参加者の中で決定権がある人の言葉、目つき、態度、表情に対して五感を使って集中する。

【直感】過去の経験、情報、自分の強みから、決定権者の希望、期待に沿った案がひらめく。

【想念】その案を頭の中で想像して、具体的な形へと展開していく。

【創造】想像したことを具体的な言葉や形にして、意見を通す。


もうひとつ、商品開発の場合を考えてみましょう。


【集中】過去の商品や他社製品、現在ヒットしている商品を総合し、アイデアづくりに集中する。

【直感】今の時代が求めている新しいアイデアがひらめく。

【想念】その案を頭の中で想像して、具体的な形へと展開していく。

【創造】イメージから、具体的な試作品などを検討し、最終的な商品を生み出す。

「今抱えている問題を解決する」「社内外でうまく交渉し、意見を通す」「ヒット商品やサービスをつくり出す」など、集中力から始まるフローが成果を生み出してくれるのです。

集中するのは、初めの30秒だけでいい

集中力こそが、成果を出すための最大の武器となります。あらゆる能力を支えているのが集中力だからです。

しかし、「なかなか集中できない」という人は多いものです。だからこそ、私自身、企業やアスリート、アーティストなどの人々から指導の依頼をいただくという現実があります。

そこで、本書では、30秒以内で集中できる技を中心にご紹介しました。

短時間で、すぐに強く集中する。

また、切れてしまった集中を、短時間で復活させる。

つまり、「瞬間的に集中し、その集中を持続させること」を目的として本書は書きました。

気持ちを高めたり、やるべきこと（今の職業でやっている仕事など）を無理やり好きにならなくても集中できる方法ばかりです。

私は以前、小学生向けの学習塾を主宰《しゅさい》していました。様々な集中法を駆使《くし》して子供たちに指導していた中で気づいたことがあります。

それは、どんなに効果がある集中法を伝えたところで、めんどくさい方法は実践できないということです。

複雑であったり、マインドを変えるといったアプローチの集中法は手間がかかるので、はっきり言って実践してもらえなかったのです。

これは、大人でも同じことです。社会人は日々忙しさに追われています。そんな中で、時間がかかったり、複雑な集中法など実践できないでしょう。

だからこそ、〝**簡単で手っ取り早く**〟そして〝**誰にでも使える**〟テクニックを本書ではご紹介することにしました。実行可能で、やれることしか、本書には書かれていません。

私は長いこと集中力向上に特化して指導を行なってきました。その経験の中で編み出した独自の30秒集中法をご紹介します。

何かを始める前に、30秒のルーティンを行なうだけでいいのです。

12年間のべ16万人に指導

私は、大学院を修了し、スポーツ用品メーカーのミズノ株式会社に就職しました。ミズノでは15年間働きました。

私が担っていた仕事は、水泳や陸上競技のウエアの研究開発です。

2000年のシドニーオリンピックで12の世界記録を出し、注目を浴びた「サメ肌水着」も、私が開発担当した商品です。

競技用のウエアをつくるという職業柄、私は多くの一流アスリート、一流の監督と接する機会がありました。

そんな中で気づいたのが、トップになればなるほどすぐに集中できる力が高く、集中を持続させる力があるということです。

そこで、「なぜ、一流の選手は集中力を高めることができるのか?」という根本的な疑問がわいたのです。

私がこれからご紹介していく集中法には、トップの人々から得た知識、学んだ要素を多く取り入れています。

ミズノを退社後、私は興味を持っていた「集中力向上」について、知識を吸収していきました。

そして、「集中力向上」をテーマとした、講演や研修、コンサルティングを行なうようになったのです。

集中に特化して活動している人は少ないようで、おかげさまで**気づけば指導を始めてから12年の月日が流れました。**

今までに16万人の人に、「いかにして集中し、いかにして集中を持続させるか」ということをテーマに指導をしてきました。

本書でご紹介する方法は、12年間の月日をかけて考え続け、そして、多くの人の集中に関する悩みと向き合うことで、試行錯誤《しこうさくご》しながら生み出された集中力向上のための技です。

本書では、その中でも効果が高く、かつ30秒という時間でできるものを厳選し紹介します。

多くの人々に指導して、効果のあった実証済みのノウハウなので安心して実践してみてください。

〝物事に集中する〟のではなく「集中状態をつくってから物事を行なう」

大人になると、好き嫌いが明確になってきます。

この作業は好きだけど、この作業は嫌い。この分野について学ぶことは好きだけど、この分野の勉強は嫌い。

たとえば、企画を考えることが好きな人は、アイデアを練っている時間は至福の時間であり、集中力も高いことでしょう。一度集中が切れてしまっても、再度集中状態をつくることが難しくないはずです。

企画を立てることは好きだけど事務処理は苦手だという人は、使った経費の書類作成などはやりたくないはずで、手をつけられない、やり始めても気が散るということが起こります。

つまり、人間は好きなことには自然とスムーズに集中状態をつくり、継続させることができます。

一方で、嫌いなことにはなかなか集中できないものです。

しかし、これでは社会人として評価されませんし、成果に波が出てしまいます。

大人は、好きなことも嫌いなこともコンスタントに結果を出すことが求められます。

しかも、好きなことも嫌いなことも、集中してなるべく短時間で完了させることが求められます。

仕事や勉強において、集中の波をなるべくなくし、平均して高い集中状態をつくることが、社会人としての絶対条件なのです。

だからこそ、どんなことでも集中して向かうことができる〝手軽な集中の技術〟が必要です。

気分や気持ちの波に関係なく、スッと集中し、物事を完遂《かんすい》するまで没頭するための技を持つことが、大きな差を生むのです。

集中するために大切なことは、メンタルによって集中を妨《さまた》げないことです。

つまり、**「気分は乗らない、だけど、目の前のことには集中して向かうことができる」**というパターンを持つことが大変重要になります。

では、どうすればいいのでしょうか。

気分に集中の強さをコントロールさせない

私がまず、集中するためにあなたに知ってもらいたいことは、「やるべきことの中には好きではないこともある」、けれど、集中はできるということです。

私が言いたいことは、「気分が乗る」→「集中する」という流れをつくってはいけないということです。

これでは、なかなか集中力は高められません。

誤解を恐れず言ってしまえば、「やるべきことに集中する」必要はないのです。

そうではなく、**「集中状態をつくる」**→**「やるべきことをやる」**という流れをつくればいいのです。

感情や気分によって集中状態を生み出す方法は得策ではありません。

だからこそ、私が本書でご紹介する「30秒以内でできる集中法」を行なって、集中を高めてから、物事に向かうということをやってほしいのです。

こうすると、感情も気分も関係なく、物事に没頭していくことができます。

つまり、集中のルーティンを行なうことこそ、集中して仕事や勉強を効率的、かつ、能率的に進める秘訣《ひけつ》なのです。

ある資格スクールの大人気講師の方は、授業を始める前に机を丁寧《ていねい》にきれいに拭《ふ》くのだそうです。これもやはり、集中のルーティンだと言えます。「隅々まできれいに拭く」「汚れている部分をしっかり拭く」ということで、視覚と触覚を使います。五感が通常より研ぎ澄まされ、いい状態で授業に入っていけるのです。

とにかく覚えておいてほしいことは、一度集中状態さえつくれれば、その後はどんなことでも質高く行なうことができるということです。

だからこそ、集中のルーティンを駆使し、高い集中を維持した状態で物事に向かってください。

仕事や勉強の種類によって集中の波をつくってしまうと、成果は出にくくなります。

平均していつも高い集中状態で物事に向かい、能力を引き出しながら、質の良い行動をとることこそ社会人にとっては重要なのです。

集中とは「一瞬に一点にすべての力を集める」こと

ここでひとつ、明確にしておかなければならないことがあります。

それは、「そもそも集中するとは、いったいどういうことなのか」ということです。

「集中」とは、**「一瞬に一点にすべての力を集めること」**です。

「集中力」とは、**「一瞬に一点にすべての力を集める技術」**であり、「集中術」です。

まずは、この点を押さえておいてください。

小学生の頃にやった虫眼鏡遊びを思い出してみてください。

虫眼鏡を使って、太陽光を紙の一点に集めることによって、紙は煙を出しながら燃え始めます。

太陽は普段、人間が生活できるレベルの気温を保ち、ポカポカと暖かいものに過ぎません。

しかしその太陽光は、虫眼鏡を用いて一点に集まることで、発火するほどの強い力を発揮するのです。

つまり、一点に集めることで大きな力は発揮されるのです。

人間も同じで、それはそのまま集中力発揮に応用できます。

人間の脳も、エネルギーを一点に集めることで、発火と同じような現象を起こすことができるのです。

人間は、どうしても解決しなければならない問題に直面したときには、常に脳が何かいい解決策はないかと考え続けています。

そして、とことん考え抜いた結果、ふとリラックスしたときに、今までは思い浮かばなかったひらめきが生まれます。

重要なことは、問題に対して、すべてのエネルギーを注いだ状態になっていたということです。

２００４年のアテネオリンピックで金メダル、２０１２年のロンドンオリンピックで銅メダルを獲得したハンマー投げの室伏選手は、海外の選手に比べると体格に恵まれているとは言えません。

しかし、筋動員力という「体の中にある莫大《ばくだい》な細胞の力を一点に集める技術」が優れていたからこそ、メダルを獲得することができたのです。

集中力は、心の強さ弱さには関係なく、一点に力を集める技術です。習得さえすれば、どんな人でも、集中したいときに、どこでも発揮することができるのです。

あなたは〝生まれながらに持っている集中力〟を使いこなせていないだけ！

集中力とは、誰もが生まれながらに持っているもので、気持ちの強さ弱さには関係ありません。

あなたも今までの人生の中でひとつは何かにハマったことがあるはずです。それをやっているときには、誰かから「やめなさい！」と注意されても続けてしまったのではないでしょうか。

これは、すなわち集中力があることの証明です。

好きなこと、嫌いなことの違いによって、集中が発揮できるできないということが現状ではあるかもしれませんが、**技さえ知ってしまえば、もともと持っている集中力は自由自在に引き出すことができるようになります。**

人間の脳の構造と行動様式には、脳の三層構造説と言われるものがあります。

人間の脳は、爬虫類《はちゅうるい》の脳（脳幹《のうかん》）、哺乳類《ほにゅうるい》の脳（大脳辺縁系《だいのうへんえんけい》）、霊長類《れいちょうるい》の脳（大脳新《だいのうしん》皮質《ひしつ》）の三層構造になっているという説です。

爬虫類脳は〈本能〉を、哺乳類脳は〈感情〉を、霊長類脳は〈思考や創造〉などの知的活動を司ります。

子供の頃は爬虫類脳で〈本能〉のままに考え行動し、その後、哺乳類脳は目覚め、楽しい、おもしろいなどの〈感情〉が芽生えます。そして、さらに成長し、大脳新皮質は目覚め、体験したことや出来事をデータ化し、脳内でひとつの〈概念〉として形づくられます。

人間は、この順序と同じように、ある対象に対して自然に集中できるようになっています。

自然と脳がネットワークを構築し、知的活動を始められる仕組みになっているのです。

人間は誰もが本来集中力を持っており、エネルギーを一点に集めることで、大きな集中力を発揮することができるということを知っておいてください。

モチベーションは邪魔になる!

私たちは、「やる気を出して集中力を高める」ということが苦手です。

人間は、体が行動を起こし、その後、心がモチベーションを発揮していきます。

だからこそ、集中のスタートにモチベーションはいらないのです。

体の動きはコントロールできますが、感情のコントロールはなかなかできることではありません。行動は目に見える形になりますが、心の状態は目には見えないからです。

また、完璧《かんぺき》主義を目指してしまうと、周りからの評価を期待してしまいますが、他人の気持ちや感覚はコントロールできるものではありませんので、心を乱して集中力低下を引き起こしてしまいます。

さらに、私たちは難易度が高いことや、未知の物事に対しては不安や緊張を感じてしまうので、ストレスがかかり集中力が低下します。

そう考えると、モチベーションを高めて集中しようとすることは、逆に集中力を低下させると言えます。

だからこそ、**モチベーションに頼らず、五感を使った単純なルーティンで集中状態をつくってから物事に向かってほしい**のです。

一流のビジネスパーソンやアスリートは、コントロールできることを明確にしてそれに集中することで、物事に真剣に向き合うことができます。

やりたい、やりたくない、おもしろい、おもしろくない、めんどくさい、サボりたいなどの感情に関係なく、集中状態をつくるコツをつかんでいます。

モチベーションがわいたときは仕事や勉強がはかどって、気分が乗らないときはうまくいかない、ということはなるべくなくすべきです。

自分がコントロールできる集中のルーティンに意識を向けることで、結果としていい状態で物事に向かうことができ、モチベーションもついてくるということを忘れないでください。

モチベーションは後からしか生まれない

集中するにはモチベーションの向上を待つのではなく、集中のルーティンである行動を起こすことが大切です。

行動を起こすことで、新たな刺激が入り、どんどん意欲がわいてきて、集中にいい循環をつくることができます。

人はコントロールできないことにとらわれると、意欲も集中力も低下します。だからまずは、コントロールできるルーティンに集中すること。

常にパフォーマンスが高い人ほど、コントロールできる「集中のルーティン」を習慣として持っているのです。

そして、先が見通せる形に分解して仕事や勉強を行ない、とにかく手をつけられる状況をつくります。

完璧主義より、完了主義で物事を進めることも集中には大切です。

モチベーションは上げるものではなく、行動をすることでわいてくるものだと肝に銘じてください。

モチベーションは、集中状態をつくって仕事や勉強に向かうことで、どんどん後からわいてくるのです。

人間の精神活動は、

知能（知識、知性、情報）↓感情（喜怒哀楽）↓意欲（モチベーション、意思）の3つの流れで成り立っています。

勉強でも、まずは集中状態をつくってから始め、何かを知ることで（知能）、知る喜びを感じ（感情）、これを使ってみたいという衝動（意欲）に突き動かされます。

だからこそ、この循環を生み出すためにも、モチベーションを高めてから行動するのではなく、とりあえず行動していくことが大切なのです。

〝イライラ〟〝くよくよ〟で集中の質を下げないために

物事に向かう前、特にその後のイメージがわきにくいときには心が不安な状態に傾きやすくなり、「逃げ出したい」「やりたくない」という気持ちになってしまいがちです。

こういう状況では、無理やり戦闘体勢になります。そうすると、思い通りのパフォーマンスができなかったり、他人が期待通りに動かなければイライラしてしまいます。

こうなると、ストレスはどんどんたまっていきます。

ビジネスでも勉強でも、期限が決まっていたり、人間関係が進捗《しんちょく》を邪魔したりと心に負荷がかかりやすいのです。

こうしたストレス状態は、集中を妨げます。

本書で書いたテクニックの中には、リラックスのための30秒ルーティンもあるので、ぜひ実践してみてください。

ほどよいストレスは良い効果もありますが、ストレスフルでは集中はできません。社会人は、様々な原因からストレスをためてしまいがちです。その結果、1週間で多くのエネルギーを使い切ってしまいます。しかし、1日数回定期的にリラックス状態をつくるだけで、ストレスは大きく軽減できます。

リラックスを意識し、目の前のことに集中しやすい状況をつくっていくことが大切です。

集中が切れてきたら意識してリラックスできるルーティンを行なうことも、効率を上げる秘訣《ひけつ》になるのです。

日々、負荷がかかりやすい社会人は、不安とイライラを行ったり来たりしていることが多いので、極力リラックスすることが大切です。

30秒でできるルーティンを駆使しながら、集中のための準備をし、心の波をなるべく最小限に抑え、冷静に仕事、勉強に向かうことが大切です。

私たちの心理状態は、「快」「不安」「イライラ」の状態にあることが普通で、この3

つを変化させながらうろうろとしています。

不安と、イライラは集中の大敵です。

そのため、毎日定期的にリラックス状態をつくることが大切で、ストレスを取り除いていかなければなりません。

意図的に心身の休憩ができるルーティンを実践し習慣化することが重要です。

ベストな状況で物事に向かうことを心がけましょう。

30秒のルーティンで、ストレス状態をリラックス状態にリセットし、集中しやすい状態で物事に向かうことで、成果には大きな違いが生まれます。

「リラックスした集中状態」でゾーンに入る

集中とは、「一瞬に一点にすべての力を集める」ことだとお話ししました。そこで、多くの人が思ってしまうのが「力は強ければ強いほどいいはずだ」ということです。

しかし、集中するためにはコツがあります。

逆説的ではありますが、**「力を入れすぎない」**ということです。

当然ですが、力を込めすぎれば緊張が生まれ、能力を発揮しきれません。

リラックスすることで、大きな力は発揮できるのです。

私たちが行なう生命活動は、脳がコントロールしますが、自律神経に関しては自分ではなかなかコントロールできません。

リラックスしているときには副交感神経が優位になり、緊張すると交感神経優位になります。

心身内部では、リラックスと集中のゆるやかなサイクルが回っており、影響を与えています。

職場でも、スポーツの試合でも、理想的な集中状態では、交感神経と副交感神経が1対1の割合になっています。

交感神経が優位になる場面では、副交感神経が働きやすいルーティンを行なうことがコツです。

自律神経は基本的にはコントロールしにくいのですが、副交感神経を優位にする効果的な方法に呼吸があります。

本書では、集中にいい呼吸法などのルーティンもご紹介していますので、ぜひ実践してリラックスしてみてください。

集中とリラックスは振り子の関係です。リラックスの幅が小さければ弱い集中しか実現できません。

リラックスと集中は常にセットだと考えておいてください。

リラックスした集中状態を実現できる人ほど、成果を出すのです。

集中したいときほどリラックスを意識する。

集中とリラックスは切っても切れない関係。

リラックスした集中状態だと、成果が得られる。

これを肝に銘じておいてください。


次の章から、すぐに集中に入り、集中を持続させるための具体的な技術をお伝えしていきます。

30秒でできるので、何かを始める前にルーティンとして組み入れてみてください。

すべてやらなければならないわけではありません。自分に合ったテクニックを、気楽に習慣化してください。

Chapter 1　ポイント

◎集中力はすべての能力発揮の土台であり、成果と評価につながる創造を生む

◎まずは、「はじめの30秒に集中」することだけ考えればいい

◎「気分を乗せる」→「集中する」ではなく、「集中状態をつくる」→「やるべきことをやる」という流れをつくることが集中するコツ

◎集中とは「一瞬に一点にすべての力を集めること」であり、集中力とは「一瞬に一点にすべての力を集める技術」である

◎集中するために、モチベーションの力を使ってはいけない

◎リラックスと集中は切っても切れない関係で、ゾーンに入るには「リラックスした集中状態」をつくることが重要

Chapter 2

リラックスすることこそが集中のための最大の準備

「頭を切り替えられない」「気が散る」「集中が途切れる」を防止する5つの技

子供がゲームにハマるように「仕事」「勉強」にハマるカギは〝リラックス〟

子供は、ゲームに集中します。このとき、子供は本当に楽しそうにプレイしています。これこそ、「理想の集中の形」だと私は考えています。

子供がゲームにハマるように、大人が仕事、勉強にハマるためには、子供がある意味でゲーム依存症になっているメカニズムを知ることが大切です。

子供は、適度にリラックスして、目の前のゲームに強く集中します。しかも、「もうやめなさい」と言われてもお構いなしに、長時間プレイを続けます。

実は、**〝瞬時に強く、そして長時間〟集中するためには、リラックスすることが欠かせません。**

いかにリラックス状態をつくれるかが、集中の質と密接に関係しているということです。

集中するためにまずするべきことは、リラックスすることです。リラックス状態をつくることとは、集中するために絶対的に必要な準備なのです。

「集中力が続かない」「スッと集中できない」という悩みを持つ人たちに対して、私は長年、研修などを通して指導してきました。

そこでわかったことは、何かに集中できない人に共通することが、緊張して力が入りすぎているということです。

力が入りすぎている人や、「何がなんでも集中しなければ」と考える人ほど、自分の能力を発揮できません。

気合いや、気持ちを強く込めすぎて物事に臨む人ほど、「失敗したらどうしよう」という考えが頭をよぎり、本領を発揮できないのです。

自分の能力を存分に発揮する人、能力以上の力を発揮できる人というのは、リラックスして物事に臨んでいます。

振り子は引っ張れば引っ張るほど、振り幅が大きくなります。同様に、リラックスの幅が大きいほど、集中も強くなります。

集中とリラックスは表裏一体の関係であり、切っても切り離せない関係です。だからこそ、集中するための「リラックスする具体的な技術」を知ってください。

一流はリラックスのための副交感神経の役割を知っている

一流のビジネスパーソン、アスリート、アーティストは、結果を求められるため、緊張状態にさらされる機会が多くあります。

そのため、意識的にも無意識的にも、リラックス状態をつくることを意識しています。

彼らは、**いつでも瞬時に集中状態をつくるために、そして、集中状態を持続させるために、リラックスする方法を実践しているの**です。

先にも少し述べましたが、自律神経には交感神経と副交感神経の2つがあります。車で例えると、交感神経がアクセルで、副交感神経がブレーキの役割を担います。

仕事でも勉強でも、私たちは進んだり止まったりしながら、日々の活動を行なっています。アクセルとブレーキの割合が、適度なバランスを保つことで、成果は出せるのです。

人間は、戦闘モードになったときに交感神経が働きます。交感神経は、運動時や昼間の活動時に働くのです。

このとき、血圧は上がり、心拍数も増え、エネルギーを消費します。

一方で、副交感神経は、休息や栄養補給などの役割があり、エネルギーを再生する働きがあります。

このとき、血圧は下がり、心拍数は減り、体も心もゆったりとします。

交感神経の活動レベルが高く、副交感神経の活動レベルが低いと、心身が不調になります。

だからこそ、リラックス状態をつくるために、副交感神経にスイッチを入れ、心も体もゆるめる機会を意識的に持つことが大切です。

冷静に仕事や勉強に集中し、成果を出すための準備として、リラックス状態をつくることを心がけましょう。

一流のアスリートも、長年活躍する人は、副交感神経優位の状態を意識的につくり出している人が少なくありません。

いつまでもパワフルに、集中力を高くして能力を引き出すには、これから紹介していくリラックスする方法をひとつでもいいので実践してみてください。

鼻呼吸で〝頭のオーバーヒート〟を防ぐための理想的な姿勢とは？

今、ここに、すぐに集中し、そして、集中を持続させられる人は、「姿勢がいい」という共通点があります。

一流と呼ばれるビジネスパーソン、アスリート、アーティストの多くは姿勢がいいものです。天才は別にして私たち凡人は、能力を引き出して目の前のことに向かうために、良い姿勢をつくる準備をするべきです。

なぜ、姿勢がいいほうが能力を引き出しやすいのでしょうか。

それは、**姿勢が悪い場合といい場合では、呼吸の質に差が出る**からです。

呼吸は、口呼吸と鼻呼吸の2つの種類があります。口から息を吸って口から吐くのが口呼吸で、鼻から息を吸って鼻または、口から吐くのが鼻呼吸です。

自分の能力を引き出す人ほど、鼻呼吸を行なっています。なぜなら、脳へ酸素をうまく送るためには鼻呼吸のほうが効果的だからです。

スマートフォンやパソコンのように､脳は使うほど熱を帯びてしまいます。あなたも、感覚的にわかると思いますが、熱を帯びると電気製品の作業効率は落ちていきます。

人間の脳が体の先端部にあるのは、外気に触れやすくして温度を下げるためです。しかし、脳はデリケートなため、頭蓋骨《ずがいこつ》などに守られており、冷却されにくい一面もあります。

ここで脳を冷やすために重要になるのが、鼻呼吸です。鼻から外の冷たい空気を吸うことで、脳を冷ますことができるからです。

鼻呼吸によって入ってくる外気は、鼻腔《びこう》で冷やされるので、口呼吸よりも温度が低く、冷却効果が高いのです。口呼吸に比べて鼻呼吸では、空気が脳の近くを通るのでより効果的です。

鼻呼吸は、姿勢が悪い状態ではなかなかできにくいものです。背中が丸まった状態ではやりにくいからです。

口呼吸は、姿勢が良くなくても楽に行なうことができます。姿勢が悪く、前かがみで口が開きやすい人は、口呼吸がクセになっている可能性が高いので注意が必要です。

脳の特性を考えてみると、良い姿勢を取ったほうが、集中力が高まります。

さらに、姿勢を良くすることで得られるメリットはもうひとつあります。それは、良い姿勢では、気道が開くので、肺に酸素が行き渡りやすくなるということです。新鮮な酸素が体に回るので、疲れにくく、集中も持続します。

姿勢が悪い状態では、全身の筋肉を使って座ることになり、疲れやすくなってしまうのです。逆に、いい姿勢をとれば、背骨がきれいなS字を描いて上半身を支えるので、ムダなエネルギーを使わずに座ることができます。

それでは、どのような姿勢をつくればいいのでしょうか。

良い姿勢をつくる手順は簡単

私は研修で、「まずは姿勢を整えてください」とお話しします。具体的な方法を示すと、「正しい姿勢とはこうやってつくればいいのですね、初めて知りました」「自信もわいてきました」「セルフイメージが高まりました」といった感想をいただきます。意外とみなさんは正しい姿勢のつくり方を知らないのです。

それでは、ひとつずつ、良い姿勢をつくるための動きをご説明します。

まず、イスに浅く座ります。

次に、自分の利き手を頭の上に乗せ、手のひらで頭を軽く押さえます。

そして、手のひらから頭を押さえつけられる力に反発するようにあごを引いて、背筋をグッと上へ伸ばしましょう。

こうすると、頭の上にある利き手が、背筋を伸ばすのと同時に、上に押し上げられることが実感できるはずです。

この一連の流れを終えたら、利き手を頭の上からそっと下ろします。

ここから、両肩をグッと上げて、2～3秒その状態を保ちましょう。

最後に、脱力して、両腕をストンと下ろしてください。

これだけで、良い姿勢はつくれてしまいます。

この姿勢で仕事や勉強をしてみると、以前より疲れにくく、体が楽なことに気づくでしょう。背中を丸めていては、集中力は持続しませんし、体はこわばってしまいます。

何かを始める前には、この一連の流れを行なってみてください。

ポイントは、あごが引けているか、肩の力は抜けているか、背筋が伸びているか、ということです。この3つを押さえて、正しい姿勢をつくりましょう。

良い姿勢をつくる手順

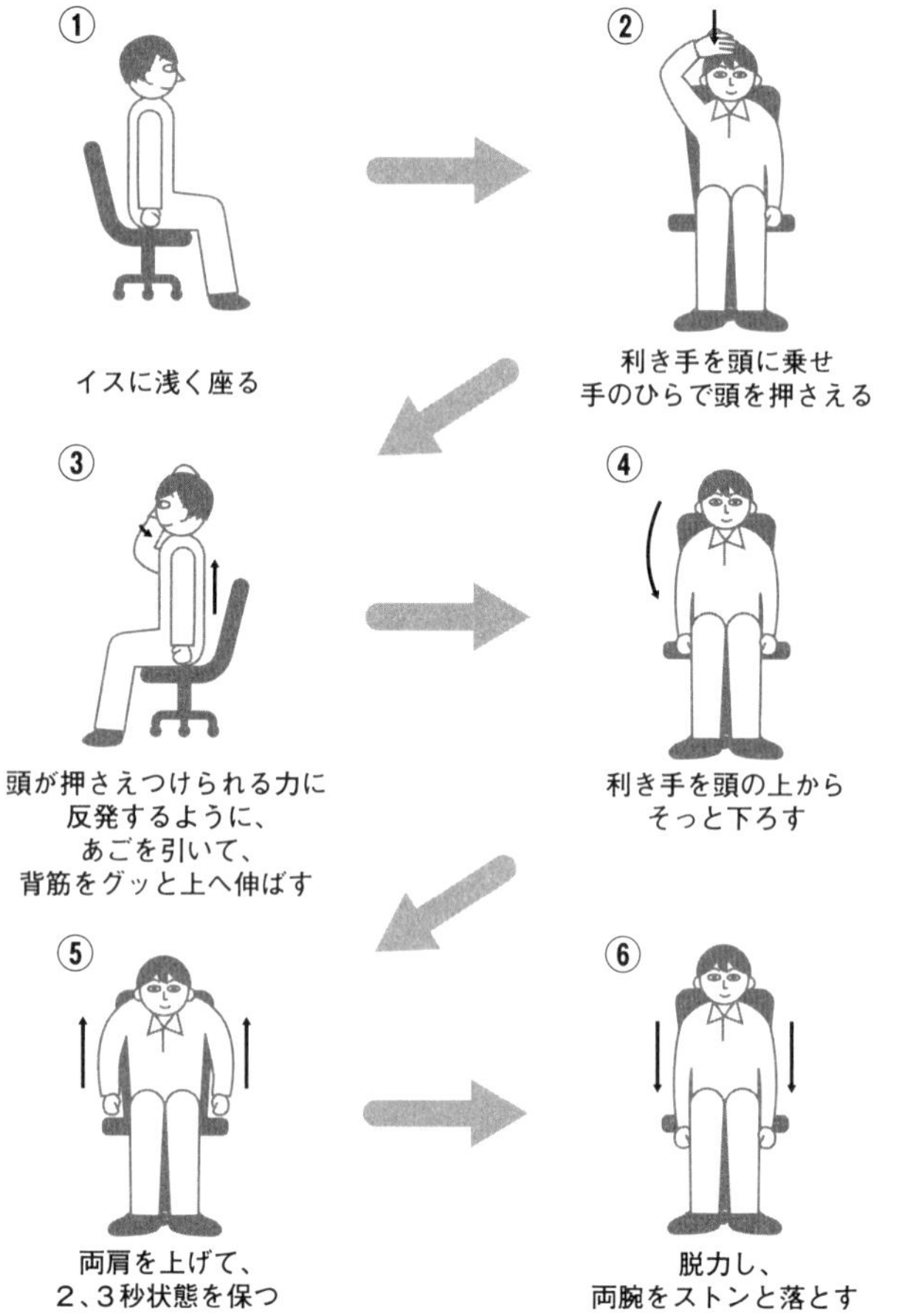
①
イスに浅く座る
②
利き手を頭に乗せ
手のひらで頭を押さえる
③
頭が押さえつけられる力に
反発するように、
あごを引いて、
背筋をグッと上へ伸ばす
④
利き手を頭の上から
そっと下ろす
⑤
両肩を上げて、
2、3秒状態を保つ
⑥
脱力し、
両腕をストンと落とす

疲労をスッキリ取り除く「5、3、8深呼吸」

精神と肉体に疲労を感じたときに行なうと効果的なのが、深呼吸です。いかにして疲労を回復するかは、集中力の質に関係してきます。

人は、不安や緊張から、ドキドキ、イライラ、ハラハラしたり、ストレスがたまると、呼吸が浅くなってしまいます。

ストレス状態では、興奮状態で交感神経が優位になってしまい、心の状態を崩してしまいます。

深呼吸をすることで、体中に酸素を十分に行き渡らせることができ、副交感神経の働きを助けます。セロトニンの分泌も促《うなが》され、精神の安定をもたらすことができ、精神衛生上もいいのです。

体に蓄積された疲労を取り除き、心身ともに疲労を取り除くことができます。

深呼吸を行なうことで、二酸化炭素をうまく排出し、疲労を予防することにもつながるのです。

朝の出社で呼吸が乱れたとき、長時間の勉強や会議、研修で疲れたとき、デスクワークで集中し続けたときなど、深呼吸をするだけで頭も体も驚くほどスッキリします。

仕事や勉強でリラックスして集中力を発揮するためには、深呼吸は欠かせません。

一流アスリートも、トップを争う選手になればなるほど、深呼吸を丁寧に行なっています。

では、単純に深呼吸をすればいいのかと言えば、そうでもありません。ただ深く息を吸って、長く息を吐けばいいというわけではないのです。

深呼吸にもやり方があるのです。

イスに腰かけてください。

まずは、肩をグッと上げて、ストンと脱力し下げます。

そして、ひざの上に両手を置き、手のひらを上に向けます。

目を閉じ、鼻から5秒大きく息を吸いましょう。

このときに、新鮮な空気を体の隅々に行き渡らせるイメージをしながら息を吸い込んでみてください。

次に、3秒間息を止めます。

「なぜ、息を止めなければならないのか」と思われる人もいるかもしれませんが、これは息を吸い込む動きと、吐き出す動きを、明確に意識するためです。

単純に深呼吸をして、吸って吐いてということを繰り返し行なっていると、メリハリをつけにくくなります。

一度呼吸を止めることで、息を吸う動きと、吐く動きを意識的に行なうことができるようになるのです。

では、口から息を8秒間かけて吐いてください。

このときには、嫌な気持ちや、体の中でよどんでしまった空気を一掃するイメージを持つといいでしょう。

●――リラックスした状態を〝あいまい〟ではなく〝実感〟に変える

息を鼻から5秒間吸い、3秒間呼吸を止めて、8秒間をかけて口から息を吐く。

この作業を2、3回繰り返してみてください。リラックスした自分を感じることができます。

これが質のいい深呼吸の方法です。

5＋3＝8と覚えておいて、自分のタイミングで行なってみてください。

この方法こそ、私が今まで、学習塾や企業研修でいろいろな方法を試してみて、一番うまくいくと実感しています。

大人も子供も、この5、3、8のリズムが一番刻みやすかったのです。

ポイントは、「良い姿勢で行なったか」「息を吸った後にしっかり3秒息を止めたか」「8秒でしっかり吐き切ったか」という点です。

「リラックスしよう」「心を落ち着かせよう」「体を休めよう」と、ただ漠然と考えても、なかなかその効果を実感することはできません。

しかし、**明確に今やっている作業をいったん切って、深呼吸をすることで、頭も体も休ませている実感を持つことができる**のです。

5、3、8深呼吸法のやり方

**肩をグッと上げて、
ストンと脱力する**

↓

**ひざの上に両手を置き、
手のひらを上に向ける**

↓

鼻から5秒大きく息を吸う

↓

3秒息を止める

↓

口から息を8秒吐く

「マイナス×マイナス＝プラス法」で〝あえて負荷〟をかけると緊張が解ける

リラックスすることは、集中の質を高めるためには必要不可欠です。特に、緊張はリラックスとは対極にあります。

どんな人でも緊張はします。一流のビジネスパーソンもアスリートも、誰もが緊張するのです。

しかし、結果を出す人は、緊張したとしても、すぐに落ち着くための技を心得ています。緊張はしてもいい。そんな自分を受け入れた上で、緊張を解きさえすればいいのです。交渉やプレゼン、試験など、ここ一番に向かうとき、緊張する相手と話すときにも、技さえ知っておけば安心です。

自分をリラックスさせるために効果的なのが、「マイナス×マイナス＝プラス法」という技です。

具体的に方法を説明していきます。

まずは、**力を入れて両肩をグッと上げます。**ある意味、あえて緊張状態をつくるのです。そして、**さらに力を込めて、両肩を上に上げます。**さらに、あえて緊張状態をつくります。

我慢できなくなるまで肩を上げ、限界を迎えたらストンと肩を落としましょう。

この作業を2、3回行なってみてください。リラックスしている自分を実感することができます。

人間は、緊張してはいけないと思うと、逆に緊張が増してしまうものです。気にしないということは、気にしているということだからです。

だからこそ、私はこの方法をみなさんにおすすめしています。

あえて力を入れ、緊張というマイナスの負荷を自らかけ、それを一気に解放することで、リラックス感を強く演出しているのです。

肩をグッと上げるということは、緊張とリラックスのどちらかと言えば、それは前者です。余分な力が体に入っているので、当然マイナスの状態と言えます。

さらにもう一度、肩に力を入れて上げれば、より負荷がかかり、マイナスの状態です。

その状態から脱力し、ストンと肩を下げると、緊張とリラックスのどちらの状態になるでしょうか。


あきらかにリラックス状態だと言えます。


脱力して、腕がだらりと下がった状態は、確実にリラックス状態なのです。

体にかけた大きな負荷を一気に解放することで、明確なリラックス状態であるプラスの状態に持っていくことができます。

明確な脱力を演出することで、確実にリラックスする

人間は緊張するものですが、永遠に緊張することもできません。肩に力を入れて上に上げた状態を保ち続けてみてください。

おそらく1分ほどでもつらく、肩を下げてしまうでしょう。

人間は緊張し続けることはできないのです。どんな人でも、どこかの段階で緊張を解かざるを得ません。

「マイナス×マイナス＝プラス法」で明確なリラックス状態をつくる

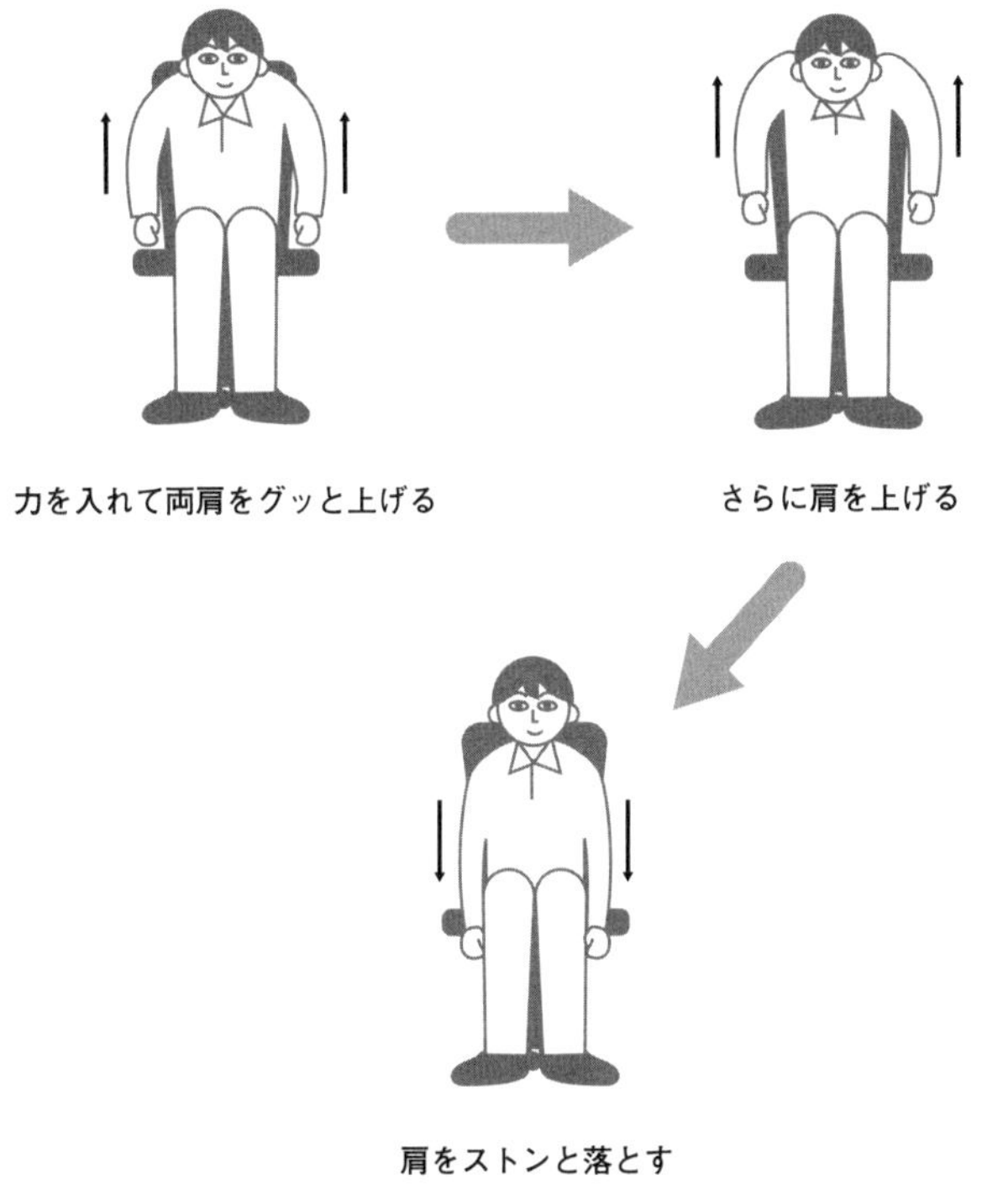
力を入れて両肩をグッと上げる
さらに肩を上げる
肩をストンと落とす

この作業を2、3回繰り返す。
明確な脱力こそ、明確なリラックス！

だからこそ、この方法は効果的です。

あえて緊張という負荷をかけて、「もう限界」と脱力せざるを得ない状態に自分を追い込めば、その先には必ずリラックスが待っています。

明確な脱力こそ、明確なリラックスです。

緊張や体のこわばりは、頭を真っ白にさせてしまい、思考を停止させます。緊張や不安を感じたときには、ぜひ「マイナス×マイナス＝プラス法」を行なってみてください。

この「マイナス×マイナス＝プラス法」は、5、3、8の深呼吸と組み合わせることで、さらにリラックス効果を高めることができます。

呼吸を整えて心身を安定させ、その後、緊張状態を利用して一瞬で体の力を緩めてリラックスする。これは非常に効果的なのです。

目の疲れをとり、頭を切り替える「眼球トレーニング法」

人間は、情報を五感から収集します。その中でも、視覚からの情報受信は約80%だとも言われています。

視野が拡大し、眼球の動きのスピードを上げることができれば、情報をより収集することができます。

しかし、一方で目は多くの情報を受け取ることから疲れやすいとも言えます。

目が疲れたり、眼球の動きが遅くなったりしてしまうと、当然、集中の質は落ちてしまいます。

そこで、ここでは、この両面をうまく改善するための眼球トレーニングをご紹介していきます。

つまり、眼球の動きのスピードアップと、目の疲れを取るためのトレーニングです。

視神経のリラックスは脳や体のリラックスにもつながるので、ビジネスパーソンや勉強をしている人は試してみてください。

眼球トレーニングを行なうと多くのメリットがあります。

・**文字に目のピントが合うようになり、文章情報を効率的に収集できる**
・**集中力が高まり、作業処理能力が高まるので、仕事、勉強の効率が高まる**
・**視野が広がるので、今まで見えていなかった範囲の情報まで収集できる**
・**物事を行なう前にトレーニングをすることで、視界がクリアになり、スッキリした気分になる**

このように、眼球の動きの質は、集中につながり、そして結果につながるのです。

眼球トレーニングを行なうことで、集中力のベースが高まり、リラックス効果もあります。

そして何より、頭の切り替えを早くし、集中力を鍛えるためのエクササイズになります。

では、具体的にどうすればいいのでしょうか。

3つの眼球トレーニング

まずは、両手の親指を立てて、左手の親指は左目の前、右手の親指は右目の前に置きます。

次に、両目の焦点をまずは右の親指に合わせます。これができたら、同じように両目の焦点を左の親指に合わせます。

この運動を5～10往復ほど行なってみてください。

ポイントは、目の動きにつられて顔を動かさないことです。顔は固定して動かさないようにします。なぜなら、顔を動かしてしまえば、眼球のトレーニングにならないからです。

もうひとつ、眼球トレーニングの方法があります。

今度は、上下に両目の焦点を合わせていく方法です。

両手の親指を立て、右手を上、左手を下にして、親指同士を地面と水平な位置に保ちます。

右手の親指は左を、左手の親指は右を向くようにしてください。右手と左手の間隔はだいたい30センチほどでいいでしょう。

まずは、両目の焦点を右手の親指に合わせます。これができたら、次は左手の親指に両目の焦点を合わせましょう。

これは、ひとつ目の方法と同じように5〜10往復行ないます。

これらができるようになったら、最後にもうひとつ方法があります。

それは、前後に両目の焦点を合わせるトレーニングです。

まずは、両手の親指を立てます。次に、左手を目の前の40センチ前に、右手を10センチ前の位置に保ちます。

そして、両目の焦点をまずは左手の親指に合わせ、それができたら右手の親指に合わせます。

これも5〜10往復行なってみてください。

パソコンの画面や書類、書籍の文字にピントが合いにくくなったときにはおすすめの方法です。

眼球スピードトレーニング

左右に両目の焦点を合わせる

①両手の親指を立て、目と同じ高さに上げる
②両目の視点を、右手親指の爪に合わせる
③両目の視点を、左手親指の爪に合わせる
②と③を、5〜10往復繰り返す

上下に両目の焦点を合わせる

①両手の親指を地面と水平に立て、右手を上、左手を下にし、両手を約30センチほど離して顔の前に出す
②両目の視点を、右手親指の爪に合わせる
③両目の視点を、左手親指の爪に合わせる
②と③を、5〜10往復繰り返す

前後に両目の焦点を合わせる

①左手の親指を目から40センチ、右手の親指を目から10センチ離して、両方の親指を目と同じ高さに出す
②両目の視点を、左手親指の爪に合わせる
③両目の視点を、右手親指の爪に合わせる
②と③を、5〜10往復繰り返す

途切れた集中を復活させる「消去動作法」

やらなければならない仕事や勉強をしているときに、人から話しかけられる、電話が鳴るということはよくあります。

怒られたり、嫌な思いをしたらその気持ちを引きずってしまう。

やらなければならないことがたくさんあり、そのことが気がかりである。

こういったことは、社会人なら当然起こり、しかたがないことではありますが、集中を途切れさせてしまいます。

このようなときは、自分の気持ちをうまく切り替えてリフレッシュして、やるべきことに向かわなければなりません。

この場合は、「消去動作法」を試してみてください。

「消去動作法」とは、リフレッシュやストレスの軽減のための自律訓練法です。催眠状態から覚醒《かくせい》状態へと意識を切り替えることが目的となります。

まずは、両手の指同士をからませ、がっちりと組みます。

手を組んだら、次は両手のひらを外に向けます。

両ひじを斜め右下や左下に伸ばします。

これを2～3回繰り返します。

ひじを伸ばすときに、「終わった～」「スッキリした～」と言葉にすると、よりリラックス感が意識にのぼります。

体を動かすことと同時に、とらわれていることから解放されたということを意味する言葉をつぶやくことで気分が切り替えやすくなるのです。

ネガティブな感情を消去し、スッキリした気分で、目の前のことに集中していきましょう。

仕事では、多くの業務を1日のうちにこなしていかなければなりません。

書類仕事や、打ち合わせ、会議、アイデア出し、社内の人々とのコミュニケーションなどの様々なことが組み合わさって1日はでき上がっています。

これら一つひとつを瞬間的に忘れて、次することに没頭することはなかなか難しいものです。

勉強も同じでしょう。様々な教科や分野をいくつか並行して学んでいくことが普通で、ひとつのことを学んだらまた次を学ばなければなりません。

そのときに、短時間で気分を切り替えて、次やることに集中することは大変重要です。

コントロールできることだけに集中して〝メリハリ〟をつける

目の前のことに集中できる人こそが、何事も結果を出していきます。

やはり、「今、ここ」に意識を集中させることが大切なのです。

そして、**あなたがコントロールできることは、「今、ここ」しかないのです。過去の出来事も他人もコントロールすることはできません。**

だからこそ、コントロールできることに全力を注ぎ、自分がコントロールできないことには心を乱さない、引きずられないことが大切です。

人間ですから、心がとらわれてゆらぐこともあるでしょう。それはしかたがないの

気持ちを切り替えるための「消去動作法」

①両手の指同士をからませ、がっちり組む

②組んだ両手のひらを外に向ける

③両ひじを、斜め右下(あるいは左下)に伸ばす

ポイントは、体を動かすと同時に、業務の区切りがついたことを言葉にして、口から吐き出すこと。

ですが、切り替えることは技さえ知っておけばできます。

気分を切り替えていくことが集中状態をつくるためには必要不可欠です。

この「消去動作法」を利用して、マイナスの心の状態を、平常心へと導けばいいのです。

体を動かし、言葉をつぶやくことで、心に区切りがつきます。


仕事や勉強が一区切りつき、次に向かわなければならないとき。集中していたのに、外からの刺激によって、気が散ってしまったとき。

こういった場合に、「消去動作法」を行なうと、今ここに集中しやすくなります。

気分を切り替えたいとき、気が散ったときには、ぜひ、この方法を試してみてください。

自分のリラックス度をチェックすることで、より集中はうまくいく

リラックスと集中は切っても切り離せない関係です。だからこそ、リラックス状態をつくることは非常に大切です。

リラックスと集中は、振り子のようなものです。強い集中のためには、強いリラックスが必要で、リラックスの幅を大きくする必要があります。

だからこそ、ここで一度あなたのリラックスの状態をチェックしてみてください。自分がどのくらいリラックスしているのかがわからなければ、集中力も高まらないからです。

「かなりリラックスしているな」「ちょっとだけリラックスしている」という漠然とした感覚では、あいまいすぎて質のいい集中は生み出せません。

具体的な状況を思い浮かべてみることが大切です。そして、それを数値化、言語化

してみることも重要です。

自分のリラックス感を、第三者的に、客観的に見つめることで、集中の質はさらに上げることができます。

では、あなたのリラックスの状態をしっかりと把握するチェックを行なっていきましょう。

チェックすることは次の5つです。チェックするときに点数化を行ないますが、完璧にリラックスできている状態を10点満点としてください。

①あなたの現在の気が散る度は何点ですか？（1〜10点）
また、集中しているときと、気が散っているときは、どのような状態のときでしょうか？

（例）集中しているとき　メールを返信しているとき
気が散っているとき　企画のアイデアを考えているとき

②
あなたの現在の体の疲労度は何点でしょうか？（1〜10点）
現在の体の疲労の状態について具体的に考えてみてください。
（例）朝スッキリ起きることができない

③
重要な場面で自分がとった言動を思い出してみてください。そのときの緊張度は何点でしたか？（1〜10点）
また、緊張したときはどんな場面でしたか？
（例）大勢の前でのプレゼン時

④
あなたの現在の目の疲労度は何点ですか？（1〜10点）
目にどんな疲労があるのかを考えてみてください。

（例）たまにまぶたが重く感じることがある

⑤ 落ち込んだときの自分を思い出してみて、そのときに気持ちの入れ替え度は何点でしたか？（1〜10点）
どのようにして気持ちを切り替えていたのか考えてみてください。それは、どんなときに感じますか？

（例）上司から叱られたとき

自分がリラックスしているのか、それとも全くできていないのか、これを正確に認識すればするほど、より効果的にリラックス法を活用できます。

リラックスがあるからこそ、集中が生まれることを忘れないでください。

自分の現状がわかることで、初めて質のいい集中状態を生み出すことができるのです。

Chapter 2　ポイント

- リラックスと集中は振り子の関係。
  リラックスの幅が大きいほど、集中の質も上がる
- 集中しやすい姿勢をつくることで、頭の冴《さ》え具合は大きく変わる
- 「5、3、8の深呼吸」をすれば、
  頭と体を明確に休ませているという実感を得られる
- 「マイナス×マイナス＝プラス法」は緊張を解き、
  いい脱力感を演出してくれる
- 眼球トレーニング法は、目と頭の疲れを取り除いてくれる
- 消去動作を行なうことで、
  途切れた集中を復活させ、集中を持続させられる

Chapter 3

すぐに目の前のことに集中する技術

集中力を底上げし「ゾーンに入る」ための3つの基本

なぜ、ボールは止まって見えるのか?

「バッターボックスでボールが止まって見えた」

スポーツの世界では、よく「ゾーンに入った」というような言葉を使います。

ゾーンに入った状態でプレイをすると、「ボールと周りの選手の動きがスローモーションになり、力むことなく能力を発揮できた」と語られます。

つまり、極限の集中状態を実現したときに「ゾーンに入る」と表現します。

集中力が極まった場面では、いつもの自分の実力以上の力を発揮することができるようになるのです。

これはなにもスポーツだけの話ではありません。集中力を最大限に発揮させると、仕事や勉強でも、信じられないような成果を出せるようになります。

ここでは、仕事、勉強のときに、すぐに強く集中するための技術をお伝えします。

集中するためのルーティンと、そして、あなたの集中力のベースの底上げのためのの手法です。

具体的には、

・ボール積み法
・一点シール法
・点を見つめる

といった技術です。どれも、難しくありませんので、気持ちを楽にして実践してみてください。

これらのことは、繰り返し行なって実践していくことが重要です。

「これをやれば必ず集中できる」と自分の頭と体に染み込ませてください。

100%の自分を出し切りたい人。

集中して仕事、勉強のスタートを切りたい人。

目の前のひとつのことにしっかり集中したい人。

このような人には大変役に立ちます。

“すぐに強く集中する”ゾーンに入るルーティンとは？

ゾーンに入るために欠かせないのがルーティンです。

少し前の話ですが、ラグビー日本代表で世界中から注目を浴びた五郎丸選手を覚えているでしょうか。

彼がキックの前にやっていたのが、両手を組む動作です。あれこそ、ルーティンです。「ボールを置く」「数歩下がる」「両手を組む」といった、キック前に行なっていた一連の動作のことです。

これらの動作を常に行なうという儀式化。これは、いいイメージでここ一番に向かうために役立ちます。

こういった自分の中で決まり切った動きを毎回行なうことで、五郎丸選手は頭と体を徐々に集中させていったのです。

儀式を毎回欠かさずに行なうことで、過去の「成功したイメージ」を自分自身で呼び起こし意識化すると、思い通りに自分を動かすことができるようになります。

脳が経験済みのこととして、自信を持って自分自身に命令でき、狙い通りのことができるようになるのです。

五郎丸選手だけではなく、イチロー選手などもバッターボックスに入ったときの動作に特徴があり、ルーティンを行なっています。

一流のアスリートは、本番前にルーティンを行なうという集中の技術を持っているのです。

1　毎回同じステップを踏む

2　ステップを踏むことで、脳が過去の成功体験を思い出し、集中の再現をスムーズに行なう準備をする

この手順を踏むことで、どんな場面でも、正確に、冷静に、自信を持って、やるべきことに集中できるのです。

成果を出す人は一点集中！

ビジネスも勉強も、高い成果を出したいのなら、瞬間的に一点に集中することが大切です。

作業効率を上げる、何かを発想する場合にも、対象に対して「一点集中」することができる人は成果を出していきます。

集中するということは、すべての意識がやるべき対象に向かっている状態のことです。なかなか集中できないときのことを考えてみましょう。

たとえば、職場から帰宅し、自己実現のための勉強をしなければならない。しかし、ネットサーフィンをしたり、小説やマンガを読んでしまい、そちらに気が取られてなかなか勉強を始められない。

こういうことはよくあります。これは、**一点ではなく多くのことに気が向いている**

ということです。

興味、関心、好奇心がわくことに対しては、強く向き合うことができます。しかし、これでは本当に自分が達成したいことを成し遂げることはできません。

こういったことを避け、やるべきことたったひとつに集中することを「一点集中」と言います。

「一点集中」の技を知ることで、やるべきことに対して、すぐに集中することができるようになるのです。

「めんどくさい」「つらい」という感情がわき上がったときに、すぐにやるべきことに集中するには、一点集中の技術を使うことが有効です。

「一点集中」をすることができると、物事の本質にフォーカスすることができるようにもなるので、仕事も勉強もうまく回り出します。

「一点集中」をすることができれば、過去の情報と新しい情報を組み合わせたり、比較したりしながら、情報を吟味していくことができるというメリットもあります。

「すぐやる」

これはできる人の絶対条件なのです。

集中力を見える化できるボール積みは一石二鳥のルーティン

私が研修などでよく指導するのが「ボール積み法」です。

やるべきことにすぐに集中するためには、集中状態をつくってから、その物事に向かうこと。

そして、すぐに集中するための訓練を日々重ねておくということが重要です。

「ボール積み法」とは、その名の通り、テニスボールを2個用意し、それを積み重ねて集中状態をつくる方法です。

ボール積みをおすすめしている理由は、ボールが積めるかどうかで、「自分は集中できているのか、集中できていないのか」が、はっきりと目に見える形で顕在化されるからです。

集中しているかどうかというのは、実はなかなか認識することが難しいものです。集中状態は、客観的に評価することが難しく、「なんとなく集中している」「しっかり集中できているな」というような、自分の主観で評価する場合が多く、あいまいなのです。

ボール積みを行なえば、

「ボールが積めた」＝「集中している」
「ボールが積めない」＝「集中できていない」

と、どんな人でも、簡単に自分の集中状態を認識することができます。

ボール積みが素早くできる人ほど、頭の切り替えが早く、早く集中状態をつくることができます。

逆に、集中することが苦手な人ほど、ボールを積むことができませんし、積めたとしてもすぐに崩れてしまい、安定した積み方をすることができません。

「ボール積み法」は、視覚に加え、触覚も研ぎ澄まされるので、集中をつくる準備、練習として優れています。

この方法は、集中力のベースを高めることに加え、すぐに集中するためのルーティンとしても使えるので、一石二鳥です。

「すぐに集中」でき、かつ、集中力の底上げができて一石二鳥

この練習を1日5回ほど行なうと、目の前の仕事により早く、そして強く長く集中できるようになります。

これは、単純にボールを2個積むことができれば、それでOKです。

初めのうちはなかなかできないかもしれませんが、練習を繰り返すと必ず誰もができるようになります。実際に私が指導した人は全員できるようになりました。

仕事や勉強を始めてから集中するまでに時間がかかってしまうという悩みを持つ人は多いものです。

しかし、この方法をマスターすれば瞬間的にやるべきことに集中できるようになります。

やるべきことが多く、迷いから、出社してもなかなか仕事に手がつかない。

忙しく心が落ち着かない。でも、平常心をつくり、落ち着いて物事に向かいたい。

このように、やる気のスイッチが入りにくく、調子をなかなか上げられない人、そ

して、忙しい中でも、うまく自分をリセットさせたいという人にはおすすめです。

この方法を行なうときには、ボールが積めたらガッツポーズをとったり、心の中で「やった」などとつぶやくことをおすすめしています。

これは、小さな成功体験を得ることができ、「自分はすぐに集中できる」ということを自分で自分に言い聞かせることができるからです。「自分は集中できる」という自信が持てれば、集中力をコントロールすることにつながります。

自宅や会社のデスクにボールを置いておき、集中したいとき、気分をリセットしたいときにボール積みをしてみてください。

そして、ちょっとした空き時間で、このトレーニングを行なうことで、集中力のベースを底上げしてください。

集中に対する自信を持ち、集中をコントロールすることができれば、何事も高い成果を生み出すことができるのです。

初心者でも成功するためのボール積みのコツ

「ボール積み法」をご紹介しましたが、初めのうちはなかなかボールをうまく積めないかもしれません。

ボールが積めない原因は一体なんなのでしょうか。

それは、ボールに目の焦点が合っていないからです。

ボールを積み重ねることができないのは、視覚をボールに集中させられず、ボールの情報をうまく自分の中に取り込むことができていないからです。

まずは、ボールの情報をしっかりと目からインプットしましょう。

ボールをインプットして、その情報と他の感覚を組み合わせることで、初めてボールは積むことができるのです。

ボールに焦点を合わせるためには、どうすればいいのでしょうか。

私が、研修などで初心者に「ボール積み法」を指導するときにアドバイスするのが、**上に置くボールにペンで直径5ミリほどの点を書き込んでもらうこと**です。

ボールを漠然と見るよりも、点を書き、そこに目の焦点を合わせるほうが、よりボールにフォーカスできるからです。

だから、まずは点を書いてもらい、その点に焦点を合わせてから、ボールを持つように指導します。

次に、その点が天井を向くようにして、ボールを乗せる作業を始めます。そして、その点を真上から見下ろすような姿勢をつくります。

点を上から見て中心になるように、ゆっくりと落ち着いてボールを乗せます。

このコツを実践すれば、ボールは必ず積めるようになっていきます。

もし、ボールを積めなければ、目の焦点がボールにフォーカスされていないということなので、落ち着いてもう一度積み直してみてください。

ボールを積むことができれば、それは、ボールに焦点が合っている証拠で、当然ですが、ボールに焦点を集めることができていると言えます。

片手でもチャレンジしてみよう

このボール積みを、まずは15秒で1回成功できるようにトレーニングしていきましょう。これを連続して2回できるようになれば合格です。

1回成功したら、2秒間静止して、2回目のボール積みの作業を行なってください。この際、2回目を行なうときは、1回目に上に置いたボールを下に置き、下のボールを持って、上下を逆転させてボールを積むと、1回目と2回目に区切りができ、リセット感を演出することができます。

これが簡単にできるようになり、物足りなくなってきたら、1分間で5回ボールを積むようにしてみてください。

1回にかけられる時間はおよそ10秒になります。

また、初めのうちは両手でボールを積んでいいのですが、慣れてきたら片手で積んでみることにもチャレンジしてください。

ボール積み法は、やればやるほどうまくなり、感覚的にボールの重心をとらえられ、楽に積むことができるようになります。

ボール積みトレーニングのコツ

コツ1
ボールの情報を
目からしっかり
インプットする

コツ2
目の焦点をボールに
しっかり合わせる

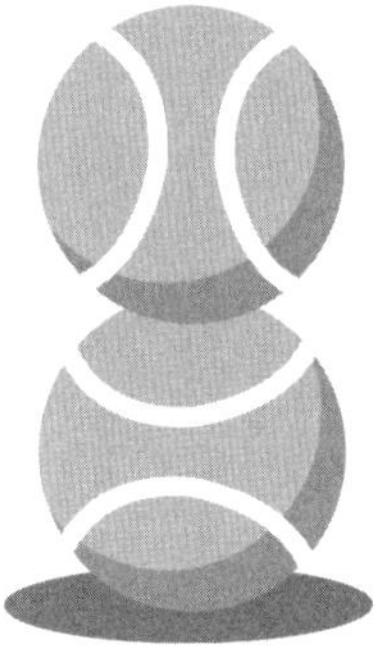

上に置くボールに、ペン
で直径5ミリほどの点を
書き、点に焦点を合わ
せ、ボールを乗せる

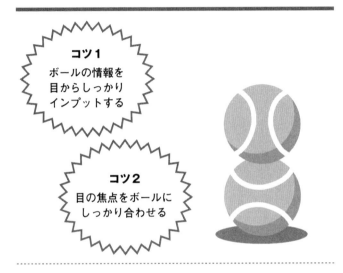

「ボール積み法」は、自分の集中力のベースの底上げと、やるべきことに向かう前に行なうルーティンとして活用することができます。

やるべきことに向かう前には、ここまでご説明した手順を行なってみてください。

一方で、集中力のベースの底上げとして使う場合は、勘所があります。

それは、ボールを積んだときに、積まれている時間がどのくらい持続するのかに注目するのです。

この場合は、積んだボールが30秒崩れないような安定感のある積み方を1回することです。

このとき、上下のボールの重心が1本の軸をつくり、ピタッと一体化すると、より強い集中状態をつくることができます。

よりボールに焦点を集め、より慎重に、より安定感を持たせながらボールを積むことになるので、深くて強い集中状態をつくることができるようになるのです。

〝いついかなるときも〟ひとつのことに集中できる「一点シール法」

人間は気が散る習性を持っています。集中しなければならないと考えていても、周りの刺激によって、気が散るということはよくあります。

よく考えてみると、ひとつのことに集中していることが驚くほど少ないことに気づけるはずです。

動画を見ながら勉強をしたり、食事をしながら本を読んだり、携帯電話を触りながら打ち合わせをしたり、ひとつのことだけに集中するということはあまりやっていません。

私たちは、ひとつのことに集中できない環境の中で日々生活しています。デジタル製品の普及により、以前よりも集中することが困難になっているという現実もあります。

1日を振り返ってみると、たったひとつのことにしっかりと集中し、没頭している時間は長くないのです。

だからこそ、集中の技を知り、ひとつのことに集中する時間をつくっていくことが大切です。

仕事を始める前、勉強を始める前に、「一点シール法」という手法を試してみてください。

気が散っているとき、意識が散漫になりぎみのときに、この「一点シール法」を行なうと、目の前のことに集中できるようになります。

「一点シール法」は、丸い形のシールの中心に点を書き、口から息を吐きながら、それを5秒見つめるだけでOKです。

これを行なうだけで、集中状態をつくり出すことができ、スムーズに仕事、勉強に向かうことができるようになります。

集中したいのに、集中できない。気が散ったり、めんどくさい、始めるのがつらい精神的苦痛を感じる、人から話しかけられて集中が途切れてしまったというときでも、すぐに集中状態をつくることができます。

集中できずにぐずぐずしていて時間を浪費してしまうと、自分の時間を自分でコントロールできないという嫌悪感にさいなまれます。

時間をコントロールすることは、成果を生み出すためには必要不可欠です。「一点シール法」を使い、ぜひ、自分の時間を大切にしてください。

プレゼンや交渉のための資料作成をしているときに、電話がかかってきた、社内の人から話しかけられて集中が切れて、イライラ、がっかりする。

企画や戦略などを考えているときに、なぜか他の仕事のことが気になって集中できない。

多くの仕事を抱えており、気がかりで、なかなか目の前の仕事に集中できない。そのせいで、ミスやり直しの手間が増え、ますます時間がなくなってきた。

このような、集中したいときに他者から集中を遮断された、関係ないことが頭に浮かぶ、心配事があって集中できないという場合には、「一点シール法」を使うとうまくいきます。

「一点シール法」の手順を知れば、集中の習慣が身につく

何かを始める前に行なうと、強い集中状態で物事に向かえるようになるのが、「一点シール法」のメリットです。

これをルーティンとして、仕事や勉強の前に行なうと結果が変わります。

では、「一点シール法」のやり方をご紹介していきます。

とはいえ、この方法はとても簡単です。

先にも触れましたが、丸い形のシールに点を書き、口から息を吐きながら、それを5秒見つめるだけです。では、具体的にご説明していきます。

まずは、シールを準備します。

このシールは、100円ショップなどに売られている、直径5ミリほどの円形のも

のを用意してください。

その中心に、マジックなどで点を書きます。

そのシールを仕事や勉強をするときに目につくところに貼《は》ります。

パソコンのモニターの端や、手帳、ノート、名刺入れなどどこでも大丈夫です。

次に、深呼吸をして、息を吐きながらシールに書かれている点の部分に注目します。

その一点に目のピントを合わせ5秒間凝視し、その一点に意識を集中させます。

その後、やるべきことを始めます。

この方法は、直径5ミリほどのシールを使うだけなので、いろんな場所に貼って簡単にできます。つまり、どんな場所でも、集中状態をつくることができるのです。

いつでも、どこでも、たった5秒で落ち着いて集中状態をつくり出せます。

パソコンなどは、仕事や勉強でも使うことが多いはずなので、モニターの端に貼ると、集中が切れたときや、「今から集中しなければならない」というときに効果的です。

気持ちが散漫になったり、気持ちをリセットしたいとき、やっている作業の合間に目線をシールに向けるだけで、この「一点シール法」はできます。

繰り返しますがこの方法は、仕事と勉強、生活において、たったの5秒で集中をつくり出すことができます。

仕事や勉強をする空間だけではなく、トイレや洗面所、携帯電話など、普段よく使う場所や物にシールを貼り、見つめるという行動をとってみてください。

5秒意識を集中させるだけで、トレーニングになるのです。

シールを見つめることで、心も落ち着きますし、なにより集中力を高めることができます。そして、集中の習慣がついていくのです。人間は習慣の生き物です。たった5秒でできるので、ちょくちょくこの「一点シール法」を試してみてください。

どんなに難しい状況でも、シールさえ見れば集中できるのですから、仕事でも勉強でも、様々なシーンで使うことができます。

私たちは、自分の大事な時間を、人から、そして自分自身でムダにしていることが多くあります。

これは、しかたがないことでもあります。だからこそ、すぐに切り替えて、集中状態をつくり、1秒でも長く効率的に効果的に時間を使うことが重要です。

自分が使える時間くらいは、集中状態で、意味のあるものにしましょう。

「一点シール法」の手順

①シールを準備する

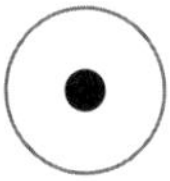

100円ショップなどで販売している直径５ミリのシールの中心に点を書くだけでＯＫ

②そのシールを目につくところに貼る

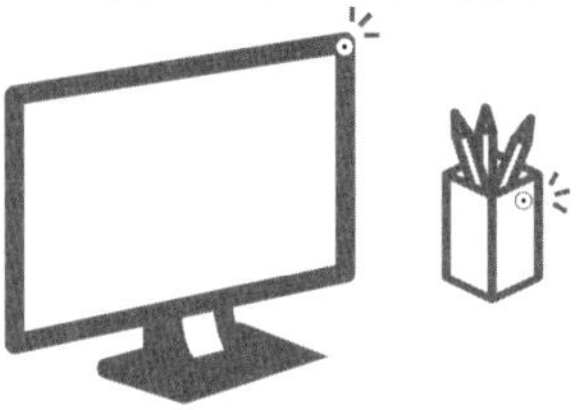

パソコンのモニターの端、手帳、筆箱、名刺入れなどに貼る

③深呼吸して、「息を吐きながら」、その一点に目のピントを合わせ５秒間凝視する

④その後、やるべきことを行なう

集中して仕事や勉強をスタートさせたいときや、意識が散漫になりつつあるときに役立つ

たとえば、紙に点を書いて5秒見つめるだけでもいい

「一点シール法」はとても手軽な方法です。

しかし、手元にシールがないという場面も当然あるでしょう。

プレゼン中に緊張感が増してきて注意力が散漫になってきた、試験会場にシールを忘れてしまって心細い、など「一点シール法」が使えない場合もあります。

そんな場合はどうすればいいのでしょうか。

いつもやっていたルーティンができなければ、習慣が崩れるということですので、不安になり、集中できなくなるものです。

ただ、「一点シール法」の目的を考えてみれば、シールがなくてもどんなときでも集中はできます。

「一点シール法」は、一点を集中して見つめるということで集中状態を生み出します。

つまり、一点に焦点を合わせて5秒見つめることができれば、シールではなくてもかまわないのです。

では、「一点シール法」のかわりにどんなことをすればいいのでしょうか。

シールがなくなったり、忘れた場合には次の2つの方法のどちらかを試してみてください。

1 手のほくろを見つめる

2 紙にペンで点を書き、見つめる

とにかく一点を決めて、焦点を合わせ見つめることです。

見つめる点をつけたり、つくった後は〝息を吐きながら5秒間〟そこに焦点を集めて、視線を集中させてみてください。

たとえば、イチロー選手は打席に入る前にバットを集中して見ています。他にも、グローブに書かれている文字の一点を見つめるという投手もいます。

点さえ見つめればいい

スポーツ界では、結果を出している人が〝一点を見つめる〟というルーティンを行なっているというのは常識になってきています。

あなたも、仕事、勉強で集中するために、〝一点を見つめる〟ことを行なってみてください。

とにかく、ここぞというときに視点を一点に集中させさえすればいいのです。

この一点さえ決められれば、集中状態はつくり出すことができます。

どんなときも、あわてないことです。

シールがないとしても、まずは一呼吸置いて、冷静になって見つめる点を定めてください。

ここまでご紹介した方法を実践していくと、あなたも「こうすれば集中できる」という確信を持つことができます。

すぐ集中するコツさえわかれば、あなたが本来持っている能力を仕事、勉強で最大限に発揮できるようになります。


私は小・中学生にも、集中力向上について指導することがあります。

そんな中で、

「集中力がない子供」＝「成功体験がない」

ということがパターンとしてあることに気づきました。

「どうせできない……」こういう思考回路ができ上がってしまうと、集中力は発揮できなくなります。

つまり、自分が本当は持っているのに、引き出し方がわからず、集中力を発揮できないだけなのです。


ここでご紹介した方法は、手軽で簡単なものです。

だからこそ、繰り返し行なってみて、「自分は集中できる」ということを実感してください。

この実感を積み重ねることで、集中の習慣もついていくのです。

Chapter 3　ポイント

◉ 毎回短時間で同じステップを踏むことで「自分は集中できる」と確信できるようになり、自由自在に集中力を引き出せるようになる

◉ 一点集中は成果を出すための基本中の基本

◉ 「ボールが積めた」＝「集中している」——集中は見える化して初めて発揮できる

◉ ボール積みは、「すぐに集中できる」「集中力の底上げができる」という一石二鳥のトレーニング

◉ 「一点シール法」で、いつでもどこでもサッと集中に入る

◉ 紙に点を書く、手のホクロを見つめるだけでも効果がある

Chapter 4

五感をうまく使いこなせば、集中の持続時間は延ばせる

シーン別に使える6つの集中儀式

目的別に集中の技を知っておくと便利

「文章を深く理解したい、早く読みたい」
「気持ちを落ち着かせたい」
「気分をリフレッシュしたい」
「やるべきことに没頭するために視界を制限したい」
「複雑な仕事や勉強を正確に進めたい」
「頭をスッキリさせたい」

これらは、仕事や勉強をしている社会人なら、誰もが思うことでしょう。
この章では、これらの願望を達成するために的確な集中法をご紹介していきます。
ゾーンに入る技術は、視覚を使った技でしたが、ここでは、視覚だけではない五感を使った技をお伝えしていきます。

五感を一点集中させることで、より集中状態をつくりやすくなり、能力を引き出しやすくなります。

様々な感覚を刺激することによって、集中のスイッチを入れることが可能です。ここでご紹介するテクニックはどれも難しいことはありません。

各技術は、活用できるシーンごとにご紹介しています。

まずは、実践してみて自分に合うものを取捨選択してみてください。

すぐに集中するためのカギを複数持ち、仕事や勉強の状況に合わせて効果的に使うことができます。

文章を速く読み、読解力を上げる「1文字1秒法」

社会人にとって、文章を読む力は大変重要です。

文章を速く読み、しっかりと理解することができれば、それは武器になります。仕事においても、勉強においても、文章を読む力は基本です。

集中力を高め、文章を読むスピードを上げ、読解力を高めるための方法が「1文字1秒法」です。

「さあ、仕事を始めよう」「さあ、これから勉強をしよう」というときに、目の前の資料やテキストの文字をひとつずつ1秒かけて読んでいくのです。

とはいえ、すべての文字を1秒ずつ読んでいくと、時間がどれだけあっても足りません。

そこで、**最初の5文字を1文字ずつ、1秒間ピントを合わせて読んでいく**のです。

何かを始めたときに、この一工夫を行なうことで、集中の質に違いが生まれます。

社会人なら、文章に触れる機会が多くあります。

資料、契約書、報告書、書籍など、すべては文字情報の集合体なのです。この文字情報に集中できないということになれば、仕事も勉強も効率を落としてしまいます。

文章情報をうまく自分の中に吸収していくための秘訣が、「1文字1秒法」なのです。

カメラ撮影時、ピントが合っていないときにシャッターを押すと、ピンボケ写真になります。

同様に目の焦点が文字に合っていないと、正しい文字情報は受信できず、ケアレスミスの原因となります。目が疲れてくると、文字を読み間違えたり、同じ行を2度読んでしまったりと、ケアレスミスを起こしてしまうのです。そうなると、内容や文章を読み飛ばしてしまい、時間をかけて読んでも、結局自分の中になんの情報も残らないことになってしまいます。

資料や書籍を読むときなどのミスを減らすためにも、この方法は有効です。

わかったつもりがなくなる

文字に目の焦点が合っていないと、文章を読む時間がかかったり、ざっと読み飛ばしてしまうということが起こります。

大量の文章を正確に読まなければならないのが社会人ですが、内容がしっかり腑《ふ》に落ちなければ、読んだ時間がムダになるだけです。

さらに、社会人が出社して一番最初にすることが多いのが、メールのチェックです。このメールチェックも、ぼんやりした頭で漫然と行なうと、集中力が高まらず、1日の仕事の効率を落としてしまいます。

最初の5文字をしっかりと読み、高い集中力で朝からスタートダッシュを切ることが大切です。それでは、どのように1文字1秒をかけて読んでいけばいいのかを具体的に説明します。

まずは、文章を一気に読みたくなる気持ちをぐっと抑えます。目で文章をどんどん追っていくということを、いったんやめてください。

次に、メールの文言や資料の文字の最初の1文字に焦点を合わせ1秒間凝視します。

そして、2文字目、3文字目、4文字目、5文字目と、各文字に焦点を合わせ、そ

れぞれ1秒ずつ凝視《ぎょうし》していきます。

たとえば、「おはようございます」という文章があったとしたら、「お」「は」「よ」「う」「ご」と文字を一文字ずつ区切って、1文字1秒凝視していくのです。

5文字目を凝視し終えたら、後はスムーズにいつものように読んでいってください。慣れないうちは「少しめんどうだな」と思うかもしれませんが、これを行なうことで、集中力を高められ、文章を読むスピードも理解力も高まります。1日の仕事を効率的に、生産性高く行なえるようになるのです。

メールなら、5文字以降の読み取りがスムーズになります。勉強でも、読んだつもり、わかったつもりになっていて、しっかりと理解していなかったということを防止することができます。

報告書や契約書、資料などの正確にチェックが必要なものも、「1文字1秒法」を使うことで、文章の読み飛ばしや日付の確認、数字の正確なインプットができます。

先延ばしグセは単純作業を行なうことで解決できる

めんどくさいこと、精神力を必要とする難しい仕事に向かうときは、精神的な苦痛を感じてしまうこともあり、なかなか手がつかないことがあります。

こういった、心身ともに通常よりも消耗する仕事は、先延ばしにしたり、気合いで始めたとしてもなかなか集中できないものです。

そこで、私がおすすめするのが、そういった労力がかかる仕事をする前に、単純作業を行なうことです。

単純作業を行ない、仕事モードのギアを入れてから、そういったことを始めるとスムーズに集中してやるべきことを効率的に行なうことができるようになります。

では、どういった単純作業を行なえばいいのでしょうか。私がおすすめしていることがいくつかありますのでご紹介していきます。

- **間違い探しドリル**
- **漢字ドリル**
- **音読ドリル**
- **計算ドリル**

といった、あまり頭を使わなくてもいい単純作業を、30秒間というタイムリミットを決めて行なってみてください。

脳には、「作業興奮」というメカニズムがあります。いったん何かをやり始めると、意外と集中して物事をやり続けられるというものです。これは、渋々始めたことでも、調子が上がってくるのでとても便利なメカニズムです。

間違い探しドリルなどは、始めてしまうと「もう少しやりたい」となりますが、30秒でやめることがポイントです。

気分が高まったところで重要な仕事に移行することで、集中力が高まった状態で取り組むことができます。

やるべきことになかなか意識が向かわないときには、単純作業を行ない、集中モードをつくってから、頭を使う仕事に向かうと効果的です。

複雑な仕事をやるときにモチベーションがわかないとしても、集中のための準備運動として単純作業を行なえばいいのです。

他の単純作業も試してみよう

朝一番でなかなか頭が働かない、何もやる気がしない、ということを断ち切らなくては、1日の効率は下がってしまいます。

また、発想を必要とする仕事は、頭を消耗させることが経験的にわかっているので、やりたくないという気持ちがわき上がり、先延ばしにしてしまいがちです。

さらには、問題解決、苦手な人とのコミュニケーションは、心身ともに消耗してしまうので、もう仕事をしたくないとなってしまうものです。

とはいえ、やりたくないから先延ばしするということでは、社会人失格です。

めんどくさいと思うあまり、仕事がうまく進まず、長い時間がかかってしまったわりに、思ったような成果が得られないようではよくありません。

だからこそ、自然と仕事や勉強モードに入っていくための単純作業を一度行なってみてください。

単純作業は先に挙げたものだけではなく他にもあります。ハガキを書く、資料の封入作業、TO DOリストの作成、英語の単語ドリルなど、様々なものがあります。

なるべく短時間でできて、頭を使わない単純作業を選んで行なってみてください。

一流のアスリートも本番前に単純作業を行なっています。こうして、集中状態をつくり、結果に波がないように準備しているのです。

野球選手なら、ネクストバッターボックスで両ひざを屈伸したり、バッターボックスでバットを立ててバットの方向を見る、アンダーシャツをひじから手繰り寄せる、などのことを行なっています。

これは、頭を使わずに、集中モードへ自分を導き、本気モードに入っているのです。

一流のアスリートは、単純な作業を行なって、集中のスイッチを入れ、本番に向かっているのです。

めんどくさい、つらい、という感情がわき起こり、なかなか仕事や勉強が手につかないときには、単純作業を行なってみてください。

雑念を頭の中から取り払う「3サウンド法」

一流のサッカー選手が、試合前に音楽を聞いている光景をよく見かけます。他にも、小説家などクラシックを聴き、執筆に励むという人は多いものです。

もちろん、音楽が好きで、好きなアーティストの曲を聴くことを楽しんでいる人もいるでしょう。気分をいい方向に向かわせてから、勝負事に向かっているのでしょう。

しかし、もうひとつ音楽を聴く理由があります。それは、**音に集中することで、不安や心配、緊張を頭の中から取り払っているの**です。

何かを始めるときに、心の状態が不安定では、なかなか集中できませんし、能力を引き出せません。

だからこそ、音楽の力を借りて、冷静な自分、平常心の自分をつくることは、結果を求める人のための大切な儀式でもあるのです。

これは、どんな業界で仕事をしていても同じ話で、心の状態が不安定なときは聴覚を使って、集中状態をつくることを実践している人は多くいます。

私が子供たちを指導していて、集中が途切れてしまっているな、と感じるときによく行なうことがあります。

「目を閉じて。目を閉じたら聞こえてくる音を3つ探してみよう。見つかったら手を上げて」

こう話しかけるのです。これをやってから、勉強を開始してもらうと、子供たちは集中力を取り戻すことができます。

なぜ、集中できるのか。理由は簡単です。時間は「過去」→「現在」→「未来」と流れますが、この3つのうち「現在」の3つの音に集中することで、「過去」の失敗や緊張体験、「未来」の不安、心配を脳から消し去り、「今、ここ」へ無意識に集中できるようになるからです。

これを「3サウンド法」と言います。

大人も子供も集中するために役立つ方法です。

「目を閉じて3つの音を探す」

これだけです。音を探すことに集中して、他のことを頭の中から追い出すのです。
そうするとゆったりと心を落ち着かせることができます。

組み合わせでさらに効果がアップ

「3サウンド法」は、それだけでも集中力を高めますが、他のテクニックと組み合わせるとさらに集中力が増します。具体的にその方法をご説明していきます。

まずは、集中しやすい姿勢をつくります。

その後、「5、3、8の深呼吸」をします。

そこまでできたら、リラックスして、手のひらをひざの上に置きましょう。

目を閉じて、聞こえてくる3つの音を探します。

最後に、目を開けて、目の前のやるべきことに向かいましょう。

「3サウンド法」は、30秒間行なってください。ただし、そこで3つの音を探せなくても大丈夫です。30秒たったら目を開けてください。音を3つみつけることが大切なのではなく、音を探すことに集中することが大切だからです。

人間は多くの情報を視覚から受け取ります。だからこそ、まず目を閉じて視覚からの情報を遮断《しゃだん》します。

目を開けているだけで入ってきてしまう大量の情報を一度遮断することで、情報の数を減らし、耳に入ってくる音だけに注目し、集中力を高めるのです。

3つも音がない場所だと思っていても、空気の音や、外で鳥が鳴いている音など、様々な音があることに気づくことでしょう。

職場なら、同僚の話し声や、パソコンのキーボードを叩《たた》く音、隣の席の人が水を飲む音など、いろいろな音が存在しています。

一度、目から入る情報を遮って、音を探すことで、余計な情報や感情を排除して、集中状態をつくることができます。

私が3つの音を探しましょうとおすすめする理由は、1つ、2つだと音が少なすぎて集中しなくても耳に入ってきますし、5つ、6つと増やしてしまうと、逆に音が探せないことがありイライラしてしまうからです。

3つがちょうどいい音数なのです。

気持ちが乱れたときに、自分を落ち着かせるために、この方法を行なってみてください。

刺激が多すぎて落ち着かないときの「ブリンカー状態法」

集中するためには、あえて情報を遮断することも大切です。視覚や聴覚を使った集中法をここまでご紹介してきましたが、物理的に集中しやすい環境をつくることも有効です。

自宅の机は勝手に模様替えができますし、環境を変えることもできます。しかし、会社の机を模様替えすることはなかなか難しいものです。

ですから、ここでは、そんな状況でも集中できる環境をつくる方法をご紹介いたします。

人間は視界があちこちに動いてしまうと集中できません。そこで、視界をさまよわせない工夫が必要です。

そのための最も簡単な方法は、机に仕切りをつくることです。

これは、ブリンカー効果を使った集中法になります。

「ブリンカー」とは、遮眼革《しゃがんかく》という意味です。競馬の競走馬をレースに集中させるためにブリンカーという遮眼革を着けることがあります。

視界の一部を遮ることにより馬の意識を競走に集中させ、走らせるためのものです。

人は環境に影響を受けてしまいます。そこで、この要領で情報を遮断し、集中しやすい環境をつくっていきましょう。

ブリンカー効果を使った環境づくりの方法は、3つほどあります。

まず、ひとつ目は、**パーテーションで隣の人の机と自分の机の間に壁をつくる方法**です。これは、完全に余計な情報が入らなくなるので、発想力を高め、アイデア出しができるとても良い方法です。

しかし、これは、経営者や上司がよほど理解がなければなかなか実現しないでしょう。

次に、**資料や本、書類を積み重ねて、意識上の仕切りをつくる方法**があります。

これは、完全には情報を遮断できないので不安に思われるかもしれませんが、意識上の仕切りの効果はバカにできません。簡単にできるので、やってみて損はありません。

最後に、**両手で左右の視野を遮り、余計な情報を入れないようにする方法**があります。これは、仕事や勉強を始める前の意識上の仕切りとしてルーティン化すると、質の良い集中状態をつくることができます。

このように、パーテーションを設置する、本などで意識上の仕切りをつくる、両手で視界を遮断するという3つの方法があります。

意識の仕切りで十分集中できる

机にパーテーションを設置することは、他者の存在を消し、視覚からの情報収集を遮断するので、自分の世界に入りやすくなり、作業効率が高まることはなんとなくわかるでしょう。

実際に、最近の学習塾などでは多く採用されており、全国的に普及しています。自分の部屋での勉強では集中できないという子供も、塾の自習室では集中できるのはこのブリンカー効果の威力です。

とはいえ、目的はとにかく仕切りをつくるということです。

書籍を重ねる、両手による情報の遮断でも十分集中状態をつくることは可能です。ぜひ、情報を遮断するブリンカー効果を使った集中しやすい環境をつくってみてください。

スポーツの世界では、最近、**ここ一番の勝負のときに、ウエアのフードを被《かぶ》って自分の世界に入り、集中状態をつくる人が多くなっています。**

これは、両手で視界を遮断する方法とほぼ同じことです。

フード付きの洋服を買って、やるべきことに向かう前にかぶってみるのもいいでしょう。

気分をリフレッシュさせる「香り活用法」

嗅覚《きゅうかく》を使って集中力を高める方法もあります。

香りによってリラックス効果や、集中効果があることはよく知られています。

鼻から脳にはどう香りが伝わり、なぜ、香りによってリラックス効果や集中効果があるのかをご存じでしょうか。

人は香りを嗅ぐと、嗅上皮《きゅうじょうひ》という鼻腔（鼻の奥）の上部にある部分に、成分が付着します。そうすると、香りの成分が電気信号となって、脳の大脳辺縁系に伝わります。

この大脳辺縁系は、喜怒哀楽の感情や、食欲、性欲といった本能をコントロールする役割を担っています。

ここで、いい香りだなと判断されると、それが視床下部《ししょうかぶ》という部分に伝えられます。

視床下部は、自律神経をコントロールしたり、体温やホルモンの調節をする部位です。

香りは、心だけではなく、体にも影響を与えていくのです。

だからこそ、香りは、心身をリラックスさせ、集中力を高めることが可能です。香りは、集中のために役立つ手軽なものなのです。

レモンやオレンジなどの柑橘《かんきつ》系、ローズマリーやペパーミントなどのハーブ系の香りは特に効果があると言われています。

「これから仕事を頑張るぞ！」「勉強するぞ！」というときには、このような多少鼻にツーンとくるような香りを利用することを私はおすすめします。

自分の部屋なら、アロマテラピーを実施することもできますし、外出先や職場で使いたいのなら、携帯できる手頃な大きさの容器にアロマオイルを入れて持ち歩き、気分転換したいときに嗅ぐといいでしょう。

すでに取り入れているビジネスパーソンも多くいますが、一流のアスリートも取り入れている手法で、スイッチを入れてパフォーマンスを上げるために使っているという話はよく聞きます。

日々生活していれば、時には気分転換をして、心身ともにリフレッシュしたくなるものです。

頭の回転が落ちる人と落ちない人の違い

同じような作業を繰り返していると、頭の回転や能力は下がっていきます。

こういった場合は、無理、ムダなことをしてしまったり、ミスを重ねてしまう傾向にあります。

良いタイミングで香りの効果を活用し、気分と頭をリフレッシュしましょう。

長い時間がかかる仕事や勉強をやっていても、人間は疲れを感じます。「今日は長期戦になるな」というときには、タイミングを見て良い香りを嗅いでみてください。

また、強制力が働き長時間拘束されるような仕事も、集中力を低下させます。こういった会議などのときには、思考停止しやすく、良い発想も意見も出せなくなってしまいます。ちょっと疲れてきたなと思ったら、香りを活用してください。

同じような作業を続けているときや、長時間かかる仕事をしているとき、また、ストレスを感じやすい仕事をしているときには、定期的に気分転換が必要ですし、集中

が下がる前にリフレッシュすることが大切です。

香りを使ったリフレッシュ法は、手軽にできて簡単です。
人間には、香りの力によってリフレッシュできるメカニズムがあります。
タイミングを計りながら、自分に合った香りを活用してください。

自分の部屋では気にすることはありませんが、もし、周囲に人がいる場合は気づかいを忘れないようにしましょう。

短期決戦のときのスタンディングデスク

アメリカでは、立ったまま仕事をする人が増えているとよく耳にします。スタンディングデスクと呼ばれ、シリコンバレーなどではこれを行なっている人が多いのだそうです。

実は、立ち仕事は集中力を高めます。

新しいアイデアを生み出すとき、短時間で仕事を処理したいとき、素早い判断や思考を行なうときなどは立ち仕事はふさわしいでしょう。

考えることが多い仕事や会議などは、座るよりも立ったままのほうがいい結果が得られるものです。

立つと疲れるから座っていたいという人も当然いるでしょう。しかし、座ったまま仕事をすることは、実は立って仕事をすることよりも負担がかかるとも言われています。

立ったまま仕事をすると、座って仕事をするよりも、体に負担がかからずいい効果が期待できるのです。

なぜ、立って仕事をすると集中力が高まるのでしょうか。

それは、**立つことが姿勢と足裏に影響を与えるからです。**

座ったまま仕事をしていると、知らず知らずのうちに猫背になってしまいがちです。しかし、立ち仕事をするとこれを防ぐことができます。姿勢がいいと鼻呼吸ができるので集中力が高まるということは先にお話ししました。

立つことで、足の裏から体の中心を通り頭の中心までが一直線になり、座っているときより姿勢が良くなります。結果としてリラックス状態も実現できるのです。

また、立って足裏を刺激することで、脳も活性化されます。

アメリカの専門家が14年間にわたり、男女12万人の調査を行なったところ、日常的に運動していても1日6時間座る生活をしていると、3時間しか座らない人に比べて15年以内に死亡する確率が40％増加することがわかったのだそうです。また、デスクワークが中心の仕事をしている人は、立ち仕事をしている人より、心臓病になる確率も高まると言われています。

長時間座った状態で、パソコンに向かって仕事をしている人も多いかと思いますが、立ち仕事にはメリットがあるので、ぜひ試してみてください。

この方法に関しては、今までお話ししてきた30秒を使った集中の準備も必要なく、ただ立ったままで仕事をすれば効果が期待できます。

二次的なメリットも

立った状態では、「目の前の仕事を早く終わらせよう」という短時間で仕事を処理する意識が働くので集中力が高まります。

座った状態から立つことで、いつもと視界が変わり気分転換でき、リフレッシュとリセットをすることもできます。

眠気を回避し、スッキリとした状態の頭で仕事、勉強に向かえます。

また、姿勢が良くなり、肩こりや腰痛を予防し、カロリーも消費されてダイエット効果もあります。

常にイスに座って仕事をしているから頭が重い。長時間座っているので、午後に眠気に襲われる。アイデアや意見を求められる場で、なかなか頭が働かないという人は一度やってみて損はないでしょう。

会社ではなかなかできない状況にある人でも、自宅の仕事部屋、勉強部屋で試してみてください。

立ち仕事は、一流のビジネスパーソンも実践している集中の技なのです。

ずっと立って仕事をする必要はありませんので、できる範囲で実践してみてください。**朝一番の仕事は立って行なう、気分が落ち込んできたら立って仕事をする**など、自分なりに工夫してみてください。1時間に一度は立つというくらいでもいいでしょう。

また、少し関連してお話しすると、成功者の中には、アイデアが浮かばないときや、考えがまとまらないときに歩きながら考えてみるという人もいます。ぜひ参考にしてみてください。

ここでは、場面別に集中するための技をご紹介してきましたが、これに関しては意識していなければなかなか使いこなせないかもしれません。

どの技をどんなときに使うのかは、自分なりに決めておく必要があります。

あなたが集中したいのはどんな場面なのか。

集中したいのに、それができないのはどんな場面か。

集中を邪魔する原因はなんなのか。

ということをしっかりと自分なりにあぶり出し、シーンに合った集中法を実践してみてください。

時間と場所、自分の好みに応じて、どの技を使えばいいのか、ということを明確にしておくことも、集中力を高めるためには必要なのです。

Chapter 4　ポイント

- シーン別に五感を使う集中法を知っておくと便利
- 初めの5文字を1秒ずつかけて読むと、文章読解のレベルが上がり、速読効果も期待できる
- レベルの高い仕事を始める前には、単純作業を行なう
- 頭の中を一度空っぽにしてスッキリしたいときには、目を閉じて3つの音を探してみる
- 意識上の仕切りをつくると、集中しやすい環境ができ上がる
- アロマオイルを持ち歩き、いつでもどこでも心身をリラックスさせる
- タイムリミットが迫っている仕事は立ちながら行なう

Chapter 5

普段の習慣をちょっと変えるだけで「仕事」「勉強」の成果は変わる

重要なことを必ずやり抜く人の4つの秘策

いつもの習慣に〝ゲーム感覚〟を取り入れることで集中力は高まる

すぐに集中したり、集中状態をうまく持続させるためには、日々行なっている仕事と勉強に集中のための新しい習慣を取り入れることがコツになります。

集中のためのちょっとした習慣を持つことで、今までよりも長時間集中状態を持続させられるようになるからです。

また、習慣が持てれば、あなたの集中の質も変わり、集中しやすくなり、集中力のベースとしての底力を高めることにもつながります。

集中を持続させるということは、なにも集中状態を永遠に引き延ばすことではありません。

人間はどうしても、いつかは集中が途切れてしまうものなのです。

いいタイミングでリラックスしたり、集中し直すという技を使いながら、集中が切れてもまた状態を戻すということをリズムよく繰り返していくことが重要です。

集中力が低下している時間を短くすることが重要なのです。

仕事や勉強の進め方を少しだけ工夫すれば、集中の質は上がっていき、成果も変わってきます。


質高く集中するためには、日常から行動を変えていくことが得策です。

一流のアスリートにお話を聞くと、やはり私たち一般人とは違う1日を過ごしていることがわかります。

・人と話すときには、相手の片目を見て話している
・電車に乗っているときには、電柱の数を数えている
・ドライブ中には、前の車のナンバープレートの数字を覚えている

など、**集中力を高めるために、ゲーム感覚でちょっとした習慣を生活の中に組み込んでいます。**

私たちが、何も考えずに眺めている風景も、彼らは集中力を高めるための練習に使っているのです。

初めのうちは、集中力のために始めた練習も、続けているうちに無意識の習慣になっています。

また、集中力を高める習慣が身につけば、それをやらないことに違和感を覚え、やらないと気持ちが悪くなります。

このスパイラルを生活の中につくることができれば、集中力はどんどん高まっていきます。

仕事や勉強にすぐに集中できるようになったら、今度はなるべく集中を持続させることを意識するべきです。

集中時間を長くするためには、日常の生活習慣を少し変えていくことです。

集中して取り組んでもすぐに終わらない仕事や勉強はあります。

そんなときには、気が散ってしまったりするものですが、習慣を少し変えれば、集中状態に入りやすくなりますし、落ちていく集中力をリセットできます。

習慣が変われば、もちろん集中の質が変わり、集中力の底上げになるのです。

仕事と勉強の集中力を変える3つの技

ビジネスも仕事も、目の前のことをひとつずつ片づけていくことの連続で成果が生まれます。

今までやっていたやり方を少し変えるだけで、効率も効果も変わります。さらには、気持ちを楽にして物事に向かえるかどうかでも成果には大きな違いが生まれるのです。

習慣をうまく工夫することで、余裕を持って仕事や勉強に向かうことができるので、この章でお伝えすることを取り入れてみてください。

集中の質を高めたり、時間を長くする秘訣は大きく3つあります。

TO DOリストの作成

細切れ分解法

対話に集中する技術

です。

TO DOリストの作成

仕事や勉強を始めるときにTO DOリストを作成する人は多いことでしょう。しかし、いくらやるべきことを羅列《られつ》したところで、集中力は高まりません。

時間意識を持てるTO DOリストをつくらなければならないのです。

所要時間を明記したTO DOリストをつくることで、より集中力を高め、やるべきことに向かうことができるようになります。

時間を有効活用したい人、完了時間を厳守したいという人にはおすすめの方法です。

細切れ分解法

仕事や勉強の中には、長時間かかるものがあります。こういったものはプレッシャーや心理的苦痛から、集中力を欠いてしまうものです。

そこで、事前にやるべきことを細切れに分解してから取りかかるとうまくいきます。物事を着実にやり遂げるためには、この方法は役に立ちます。

分解した一つひとつの仕事は、労力もそれだけ小さくなり、短時間で完了することができます。

達成感を味わうことができれば、モチベーションも生まれ、楽に集中することができるようになるのです。

仕事や勉強においてやるべきことの負担が大きく、プレッシャーを感じている人は、特に行なってみるといいでしょう。

対話に集中する技術

これは、仕事に特化した方法です。社内外の仕事相手と話しているときに、ちょっとした工夫をすると、緊張することなく伝えたいことをわかりやすくうまく伝えられるようになり、さらには相手の話していることの本質を聞き取ることができるようになります。

話し始めに相手の片目に視線を向けることで、その後集中してコミュニケーションを取ることができるようになるのです。

苦手な人、めんどくさい人との会話では、そこから逃れたいと気が散るものですが、この方法を活用すると相手の話にしっかり集中することができるようになります。

これらの方法は、仕事や勉強の習慣に取り入れやすいものです。

ＴＯ ＤＯリストを作成している人は多いですし、今の習慣をちょっと変えるだけでいいことは、心理的ハードルも低く身につけることができます。

この後、詳しくお話ししていきますので、ぜひ自分の習慣にしてみてください。

まずは、現在の習慣をチェックしてみる

ここで、仕事と勉強の習慣を身につける前に、現在の自分の習慣を振り返ってみましょう。

意外と何も考えずに、目の前のことに向かっていて、集中力を欠いているかもしれません。

自分の現状をしっかりと認識することで、集中の習慣の大切さがわかり、身につきやすくなります。

それでは、あなたの現在の仕事、勉強の習慣をチェックしてみましょう。

「はい」の数が多いほど、効率良く物事に向かっていると言えます。

1　1日のスケジュールを見える化していますか?
2　隙間時間に処理できる仕事の内容を把握していますか?
3　仕事や勉強の優先順位を決めていますか?
4　自分なりの作業マニュアルはありますか?
5　整理整頓《せいとん》の習慣がありますか?
6　時間を区切って仕事をするリミット感を演出できていますか?
7　メールの返信をすぐにする習慣ができていますか?
8　常に周りの状況を把握するように気をつけていますか?
9　周囲の人と協力するように心がけていますか?

「いいえ」が5つ以上あるという人は要注意です。

集中して仕事、勉強に向かえるように、この後ご紹介する習慣を取り入れてみてください。

いつも自分のペースで終わらせられる人のTO DOリスト

多くの仕事を並行処理していくためには、高い集中力で、効率的に時間を使っていくことが大切です。

そのため、多くの人が、効率化を考えTO DOリストを作成しています。

仕事でも勉強でも、たったひとつのことだけをやっていればいいということはありません。複数のことを同時に進めることがほとんどです。ひとつの仕事をキリのいいところまでやり、次の仕事を始めてキリのいいところでまた次に移る。

ただし、この場合、集中が切れやすくなるものです。同時並行で物事を進めるため、一つひとつが中途半端になり、そして、終わらせることができなかったり、ミスを重ねたりと能率を低下させてしまいます。

達成するべきことの全体像をつかみ、重要なことから細かい作業まで、うまくやり遂げるためには、TO DOリストの作成は有効です。しかし、このTO DOリストのつくり方にはコツがあります。

・仕事が多すぎてプレッシャーに押しつぶされそうな人
・何から手をつければいいか迷うあまり、時間ばかりが過ぎてしまう人
・目の前に来た仕事ばかりにとらわれて、重要ではないことに時間をかけてしまう人
・計画性がなく、だらだらと作業してしまい時間をムダにする人

こういった人は、ぜひ、ここでご紹介するTO DOリストの作成法を知ってください。

通常、TO DOリストを作成する場合には、やるべきことの仕事内容を羅列します。少し気の利いた人は、やるべきことに優先順位をつけ、やる順番に並べたり、何時からこれを行なうというようなTO DOリストを作成します。

でも、こういったTO DOリストは質がいいとは言えません。集中力を下げてしまうTO DOリストなのです。

たとえば、10時からプレゼンの資料をつくると書いていても、9時55分に上司と打ち合わせをすることになってしまうと、いきなり予定が崩れてしまいます。

せっかくつくったリストが実行できなければ、がっかりしますし、次に予定したことを始める時間が近づくと焦ってしまいます。

ＴＯ ＤＯリストに書き込むべきことは、何時に始めるかではなく、**やるべきことの内容と、その所要時間**です。

つまり、1時間であったり、30分であったり、15分という、その内容にどれだけの時間を費やすかを書き込むことが重要なのです。

たとえば、「企画書作成　20分」というように書くべきなのです。

こうすることで、予定が狂うということがなくなり、集中して仕事や勉強に向かうことができます。

ＴＯ ＤＯリストに書くべきことは〝開始時間〟ではなく「所要時間」

ＴＯ ＤＯリストを作成する場合は、やるべきことをまず列挙して、そこから感覚的に30秒ほどで、所要時間を決めていく作業が集中力のために有効です。

何分で何をするか、ということが決められれば、他人から影響を受けずに、自分のペースでやるべきことをこなしていくことができ、自分で時間をコントロールすることにつながります。

事前に、必要最低限かかる所要時間を決めておくことで、スキマ時間もうまく使うことができるようになります。

同じ仕事量でも、速く仕事をこなせる人とそうではない人が出てくるのは、自分のペースを守れるかどうかで決まってきます。

ご紹介した手法を使ったTO DOリストには、多くのメリットがあります。

・時刻に縛られることがない
・隙間時間の有効活用が可能になる
・仕事にメリハリがつく
・仕事にかける時間が見える化される

人間は、自分の決めた時間の枠いっぱいを労働で埋めるものです。

それに何分かけるのか、ということを決められれば、その時間内で作業を終わらせようとするのが人間です。

そのため、自然に集中できるようになり、生産性も高まるのです。

時間が意識できるTO DOリストのつくり方

○月○日 (○曜日)	プレゼン用資料作成	30分
	企画書作成	20分
	契約書作成	15分
○月○日 (○曜日)	⋮	⋮
⋮		

**やるべきことを始める時刻ではなく、
何分(何時間)で行なうのかを
書き込んでいくことに意味がある!**

やってのける人の「細切れ分解法」

長時間かかったり、長期間にわたる仕事や勉強と向き合わなければならず、先が読めずに心が折れてしまう。

量が多すぎて、精神的に圧倒され、仕事に手がつかない。

難しそうな仕事、頭を酷使《こくし》する仕事をやらなければならないときに、「自分にはできない」とすぐにあきらめてしまう。

こういったことはよく起きます。

大人になれば、「自分の実力では太刀打ちできない」「こんなことをやり切ることができるのか」と不安になることに直面することがあります。

しかし、それをやり切らなくては社会人として失格です。どうにかして、その大きな壁を乗り越えていかなければなりません。

大きなことをやり遂げるために重宝できるのが、「細切れ分解法」です。

大きなことを細分化するメリットは3つあります。

【メリット1】作業自体の大きさが小さくなり、実行のハードルが下がる。
【メリット2】小さくすることで、実現性を確信できる。
【メリット3】小さなことは達成できるので、充実感を高めることができる。

これらすべては、充実感を得られるということにつながっています。この充実感は、集中を高め、細切れ分解法を重ね、いいスパイラルを自分の中に形作ることで得られるのです。

大きな目標を小さく細切れにしていくためには、いつ、どこで、どのようにやるか、期日や所要時間などを具体化していくことが大切です。

小さな目標を達成できれば、自分は集中力が高く物事を達成できるという自信につながります。

では、実際にはどのようなときにこの方法を活用すればいいのでしょうか。

◉課題1　長い時間がかかりそうなことで、終了が見えない場合

先が見えないときには、心が折れそうになり集中力が下がってしまいます。

こういった場合にやるべきことは、

1　取りかかる前に、達成までの時間を算出する
2　その時間をいくつかに分解し、各々の課題を明確にする
3　その一つひとつの課題に集中して処理していく

という手順を行なうことです。

わかりやすくマラソンで例えてみましょう。

42・195キロを走りきるフルマラソンに臨むとします。その場合は、まずは40キロを10キロ×4に分割します。

そして、その10キロごとにテーマを掲げるのです。そうすることで、意識を40キロではなく、10キロに向かわせ苦痛を感じなくさせることができます。

仕事や勉強でも同じように、長時間かかる作業をいくつかのテーマに分けて、ゴールを意識できるようにしてみてください。

◉課題2　やることの量が多すぎて圧倒され、手をつけられない場合

大きなことに取り組むときには、初めは全体像を見てしまうため、圧倒されてしまうものです。しかし、小さくすることで、各々の性質や課題が明確になり、具体的にやるべきことがわかってきます。

こういったときは、次のようなことをやってみてください。

1　大きな塊を、小さな塊に分化する

2　関連性のある小さなテーマをまとめる

3　ひとつずつに集中して取り組む

こうすると一見大変そうな作業でも、細分化されて楽に進められるようになります。

◉課題3　レベルが高すぎて心が折れてしまう場合

自分には難しそうだ、と思える仕事や勉強はやる気を失い、集中力を下げてしまいます。こういった場合はどうすればいいのでしょうか。

1　自分ができるレベル、できることはどんなことかを知る

2　できるところまでやる

3　できないのはどんなことで、できない理由はなんなのか、どうすればできるのかを考える

最初はできないと思えるレベルの高いことでも、実現可能なことに集中することで、全体の解決のための糸口が見つかります。

人間は、自分の実力を超えること、今まで経験したことがないことに向かうときに、恐怖を感じます。恐怖を感じると、思考が停止し、行動も起こせなくなるものです。当然、集中などできなくなります。

なんであれ、恐怖を克服して前進するためには、自分ができる程度まで物事を分解することです。

集中力を高められず、行動が滞る場合には、「時間がかかるから怖いのか」「量が多すぎるから怖いのか」「レベルが高すぎるから怖いのか」ということを考えてみてください。

対話するときは相手の片目だけを見つめればいい

以前、営業職の方々を対象に集中力に関する研修を行なったことがあります。その中で、ある方から切実な相談をされました。

「著名人や位の高い人が取引相手で、どうしても緊張してしまい、うまく話せません。そのため、なかなか自分の言いたいことも言えず、成果を出せません」

この方に私がお伝えしたのが、「相手の片目を見て話をする」ということでした。これを実践してもらうことで、その方は緊張せずに、準備したことをしっかりと説明でき、契約が取れるようになりました。

「相手が何を考えているのかが気になって、伝えるべきことをなかなか伝えられない」

「目上の人との会話で、相手の目を見て話すことができない。話も続かない」

「相手の機嫌ばかりうかがってしまい、感情が不安定になり、うまく話せない」

「会議や交渉の場で集中できず、発言ができない」

「人の話を聞いている最中に他のことが思い浮かび、意識が別のところに飛んでしまう」


対人関係に苦手意識がある人にアンケートを取ると、このような悩みを抱えています。

こういった、コミュニケーションにおいて集中ができない人には、相手の片目を見て話をする方法がおすすめです。

ビジネスとは、人と人とのつながりで成り立っています。だからこそ、どんな場面でも、心の動揺を抑え、集中してコミュニケーションを取る必要があります。


緊張しやすい人や、ここ一番で能力を発揮できない人の特徴として、人間が本来持っている **〝心〟と〝体〟の同調システムが働き、心の動揺によって目線がキョロキョロと動いてしまうという共通点**があります。

そのため、目線を一点に固定してコミュニケーションを取ることで、心の動揺を鎮めることが可能となります。

もう、ドキドキしなくてすむ

人と対峙《たいじ》したときに、手っ取り早く視線を一点に固定することができるのは、相手の片目の黒目部分を見て話すことです。

「会話をしていても、相手の感情が気になって、ドキドキして話に集中できない」というような場合は、相手の左目（自分から見て右）を見て、一点に集中して会話をすることで、心の動揺を鎮め、話の内容に集中することができるようになります。

相手の目を見て会話をするということは、人間として最低限のマナーだと言われています。しかし、**人間は2つのものに焦点を合わせることが難しいのです。両目を見ようと心がけても、なかなか焦点は合いません。**

そのため、相手の片目を見るのです。

初めのうちは違和感があるかもしれませんが、次第にできるようになるので心配はいりません。

これは、初めの30秒ほど意識して片目を見つめれば、そのあとは楽に続けられます。

特に、

・大切なビジネスの交渉時
・人生に大きな影響を与える受験や就活の面接時

……など、コミュニケーションが苦手だという人は、目線を固定すると心が安定するので、ぜひ、試してみてください。

自分の行動を実況して俯瞰力《ふかんりょく》をつける

焦点を合わせることで集中力が高まるというお話をしてきましたが、もうひとつ視覚を使って集中状態を保つ方法があります。

それは、視野を広げるということです。

車の運転初心者は、緊張から視野が狭くなり、前しか見えなくなってしまい、横から人や自転車が飛び出してきたときに、うまく対応できません。逆に、ベテランになってくると、前だけではなく、周り全体を俯瞰《ふかん》して見ることができるようになります。

初心者もベテランも、運転に集中していることに違いはありませんが、リラックス状態は異なり、より集中しているのは後者です。

実は、一流アスリートと、それ以外のアスリートの違いが生まれるのも、視野の広さによります。

トップアスリートほど、全体を俯瞰する余裕があり、リラックスしながら集中ができています。

たとえば、サッカープレーヤーは、一流ほどプレーヤー目線だけではなく、監督目線でフィールド全体を俯瞰して眺めることができます。

仕事も勉強も、全体を俯瞰しながら目の前のことに集中することができれば、成果が高まります。

とは言え、視野を広げ、俯瞰することは、なかなかできることではありません。

そこで、**俯瞰力を高める手始めとして、「自分の行動を実況中継してみる」ということを行なってみてください。**

たとえば、今パソコンに向かっているのなら、

「今、パソコンの画面に向かって企画書を作成しています」

というように、短時間で自分の行動を心の中で実況中継してみてください。

自分を客観視することで、自分の頭の上から、自分を眺めているようなイメージが持てるようになります。

そうすると、目の前のことに集中しながら、もうひとつの視点を持つことができる

ようになり、視野が広がります。

冷静に仕事や勉強に邁進《まいしん》している自分の存在を認めることができれば、より良い成果を出すことができます。

ここまで、仕事と勉強の集中を持続させるための秘訣をお話ししてきました。簡単に取り入れられる習慣なので、ぜひ実践してみてください。

Chapter 5　ポイント

- 集中を持続させるとは、集中が低下している時間を短くすること
- TODOリストは、開始時間にこだわらず、自分のペースを守るための工夫をする
- 長時間、長期間かかる仕事や勉強は「細切れ分解法」で小さな達成を重ねていく
- コミュニケーションをするときは、相手の片目だけを見つめることで、緊張することなく、自分の主張をうまく表現できる
- 一流が持つ俯瞰力を鍛えるために、自分の行動を実況してみることから始めてみる

Chapter 6

集中に悪い5つの習慣

集中ルーティンを台無しにしないための心構え

集中に悪い習慣を持っていてはすべてが台無しになる

ここまで、約30秒でできる集中の技術をお話ししてきました。これらのテクニックは、「すぐに集中するため」であり、「集中を持続させるため」のものです。

お話ししてきたことを実践していただければ、集中の質は上がっていきます。30秒のテクニックということで言えば、Chapter 5まででこの本を終えてしまうことも可能でした。

しかし、最後のChapter 6では、日常で行なっている、集中に悪い習慣をご紹介します。せっかく集中の技術を身につけたとしても、悪い習慣を持っていては、そのテクニックは台無しになってしまうからです。

集中に悪い習慣には次のようなことがあります。

1 目標にこだわりすぎる
2 無音状態にこだわりすぎる
3 集中を支える体づくりをおろそかにする
4 ご飯をガバガバと食べる
5 脳を休める習慣を持たない

この5つの習慣は、集中力を低下させます。

ここから、詳しくご説明していきますので、集中を妨げる習慣を知り、日々の生活から排除してください。

質のいい集中状態をつくるためには、日常生活の中で、集中力を高める習慣だけを行なうことが大切です。

やってはいけないことを知ることで、集中力にいいことだけを行なっていきましょう。

なぜ、一流は後回しにするのか？——目標に忠実すぎると集中力が低下する

会社に入るとよく「目標を立てなさい」と言われます。そうではなくても、学生時代に親や教師から「目標を立てなさい」ということを言われた経験は誰にでもあるのではないでしょうか。

私たちは、学生の頃も、そして大人になってからも目標の大切さを、ことあるごとに教えられ、目標を大変重要なものだと信じ込まされています。

目標を設定することで初めて、物事に集中できると思い込んでいる人も多いことでしょう。

目標を設定しないということは、目的地を決めずに旅に出るようなもので、どこに到着するのかわからない。

目標を定めることで、目的地に最短距離で行ける。ゴールを明確に設定するから、

物事に集中して向かうことができる。

多くの人がこのような理由から、目標の設定を重要視しているのです。

しかし、目標を設定しても、それを実現できる人はあまりいません。むしろ、うまくいかない人がほとんどです。

目標の設定は、ゴールまでの道筋を見通すためですが、もうひとつ役割があります。

それが、やる気を高めるために目標を設定するということです。将来のために、今きついことも我慢して行なう。

こういった、自分を鼓舞《こぶ》するようなやる気の出し方は、多くの場合失敗に終わってしまいます。そして、集中力を低下させるのです。

一流のビジネスパーソンやアスリートは、自分の気持ちを後回しにすることができます。

「我慢してやるべきことをやる」

とは考えないのです。

「気持ちはさておき、目の前のことに集中する」ことに優れているのです。

やる気を高める

目の前のことに集中して頑張る
という順序を踏む人は、先にも述べましたが、たいていの場合集中できません。

とりあえず、やり始める
↓
もっとやりたいという気持ちが芽生え、集中して物事が進められる
この順序を踏む人が成果を出していきます。

ギャップに苦しまないために

目標設定によって、集中を妨げる理由は大きく2つあります。

ひとつは、「将来の目標」と「日々の作業」をリンクさせることが難しいこと。

もうひとつは、理想の自分と現実の自分のギャップによって、気持ちを乱してしまうからです。

たとえば、将来経営者になりたいと目標を設定したとしても、仕事では企画書の作成を行なっていたとします。

では、「この企画書作成作業は、社長になるために必要だ」と思えるでしょうか。思えないはずです。将来の目標と、日々の作業のギャップが大きすぎると、集中などできないのです。むしろ、「こんなことをやっていていいのか」と注意力が散漫《さんまん》になってしまいます。

さらに、「3年以内に年収を今の1・5倍にする」という理想の自分像を設定したとしてそれが達成されなければ、「なんて今の自分はダメなんだ」となり、自己イメージを落としてしまいます。そうすると、やることなすこと無意味に感じて行動力が下がります。こちらも、集中力を高めることにはつながらないのです。

つまり、私が言いたいことは、「感情」→「行動」ではなく、「行動」→「感情」という流れをつくることで、集中力は高まっていくということです。

目標を設定するなとは言いませんが、こだわりすぎたり、厳密に達成を目指すと多くの人はくじけて、集中などできません。

まずは、やってみるということが大切なのです。

無音状態はなかなか見つからない

「音は集中の邪魔になる」と考えている人は多いのではないでしょうか。「静かに集中しなさい」などと言われた経験から、集中のためには音がなるべくない環境がふさわしいと考えてしまうのです。

よく聞く話ですが、「無音状態に身を置きたい」と考えるあまり、同僚のパソコンのマウスの操作音にイライラし、わざわざその音を注意する人がいるようです。

よほど大きな音を立てていれば話は別ですが、そこまでしてしまうと人間関係も良好には保てず、集中どころの話ではありません。

音楽や音の効果に関しては人によって様々ではあるのですが、無音で集中できる人がいる一方で、音があったほうがいいという話もあります。

音などの外的な刺激を遮断した場合に、人の心身に良くない影響を与えるという結果もあるのです。

光と音が完全に遮断され、五感への刺激がほとんどない部屋に学生を住まわせ、彼らがどのような行動を取るかを調べた実験があります。

学生たちは、やることがないので、まずは寝てしまいました。しかし、睡眠を取って起きると、どんどん落ち着かなくなったのです。

そのうち、手を叩いたり、歌を歌い始めました。五感に刺激がなく落ち着かないから、刺激をつくり出そうとしたのです。

しかし、それも続かず、2日ほどでギブアップしてしまいました。

人間は、ある程度の外的な刺激がないと、精神的につらいということです。

音などの外的刺激は、集中のためのリラックスに、一定の効果があるのです。

あまりに無音にこだわると、逆に集中できないこともあります。

私がおすすめしているのが、雨音を聞くことです。少し前に、集中できる音として「雨の音」が人気を博しました。

この理由を知り合いの大学院の先生に尋ねたところ、脳が雨の音を雑音として遮断しようとするためではないか、とおっしゃっていました。

集中に適した環境とは、ある程度の雑音の中であるとも言えるのです。

人間は雑音を分析しようとせず、むしろ遮断し、自分がやれる目の前のことに集中しようとします。

また、雨音にはリラックスさせてくれるf分の1ゆらぎがあります。f分の1ゆらぎとは、自然界にあるリズムであり、それを聞くことでアルファ波が出ると言われています。

アルファ波というこの脳波は、リラックスした集中状態で出されます。

つまり、雨音を聞きながら仕事や勉強をするということは、集中できる環境づくりになるのです。

あまり無音状態をつくることにこだわらず、ちょっとした雑音も役に立つというくらいに、余裕を持って考えておいてください。

あなたの生活習慣をチェックすることで集中のためのカギが見つかる

集中力向上の習慣を取り入れてみようという話をしましたが、ここであなたの現在の生活習慣をチェックしてみてください。

生活習慣が崩れていれば、頭も体も疲れている可能性があるので、集中力が高まりにくくなってしまいます。

3つの質問に対して、一度、自分の現状をしっかりと見つめてみてください。

現状をしっかりと把握することで、集中力を高めるカギが見つかります。

各設問は10点満点で採点してみてください。そして、その点数をつけた理由も考えてみましょう。

問1　朝は、心も体もスッキリした状態で出勤していますか？

問2　食事はしっかり味わって食べていますか？
問3　昼休みは、午後の仕事に集中できるように取っていますか？

習慣の崩れと、頭の回転は密接につながっています。
習慣を見直して集中に良い習慣を組み込んでいってください。
これらの質問に関連した、集中習慣改善の方法をここからご説明していきます。

集中を支える
〝体〟と〝基礎体力〟をおろそかにしている

集中して仕事や勉強を進めるためには、健康な体と基礎体力が欠かせません。そのためには、軽い運動を行なうことです。

実は最近、小中学校の先生から「今の子供たちは40〜50分の授業時間を、じっと座っているだけの体力がない」という話をお聞きします。

体力がなければ、瞬時に集中状態をつくることも難しいですし、集中を持続させることもできません。

仕事、勉強中に集中を維持するために、それを支える体もつくっていきましょう。

・運動不足を認識していて、体重も増加傾向にある
・体調がすぐれない日がよくあり、仕事や勉強に向かうことができない

・デスクワークに耐えられない
・ひとつのことに集中できない
・昼間の集中力が低下している

こういった人は、集中力を高めにくくなっていますので、ぜひ健康な体づくりに意識を向けてください。

私が個人的におすすめしているのが、朝の清々《すがすが》しい時間帯に運動を行なうことです。とはいえ、これは厳密に守らなければならないということではありません。運動を継続して行える、習慣化できる時間帯であればいつでもいいでしょう。

私が朝に運動を行なう理由は、全身に血流が回り、頭が働きやすいと感じているからです。

1日のスタート時に心地良い汗をかき、さっとシャワーを浴びるとスッキリした状態で仕事を始めることができます。

集中力を高めるための運動としては、ジョギングをおすすめしています。会話をしながら走れる程度のゆったりしたものを20～30分程度で大丈夫です。

運動強度を強くしすぎると、心臓の動きが速くなりすぎて、心拍数1回あたりの血流量が少なくなって、運動効果が下がってしまいます。

軽いジョギングを私も実践していますが、次のようなメリットを感じています。

気分をリフレッシュでき、頭がスッキリする。

心の状態が安定する。

アイデアがわいてくる。

基礎代謝がアップし、疲れにくい体ができる。

早起きの習慣がつく。

このように、体そのものの強化ができ、かつ、他にもこれだけメリットがあるのです。

社会人が運動を習慣に取り入れることはなかなか難しいかもしれませんが、できる範囲でやってみてほしいと思います。

理想的な状態とは？

あなたは、マフェトン理論をご存じでしょうか。フィリップ・マフェトン博士が提唱した、マラソンやトライアスロンにおける持久力の強化理論で、有酸素運動を中心に考えられた理論です。

この理論では、「１７０〜１８０」から自分の年齢を引いた数字プラスアルファが、効率良く全身に酸素が回りやすい心拍数とされています。

40歳の人であれば、１３０〜１４０前後が理想的な心拍数となります。

この心拍数を保つ運動を行なうと、効率的に酸素が全身に回り、脳の働きが活性化されると言われています。心肺機能も高まり、集中を支える体力もついていきます。

脳の働きを回復させるには、**３メッツほどの低強度の運動を週３回30分程度行なえばいいとも報告されています**ので、走ることが嫌いな人でも軽い運動を行なってみてください。

３メッツの強度とは、歩く、軽い筋トレをする、掃除機をかけるといったことです。日常的に歩いたり、家事をするだけでも条件を満たします。

いくら集中のテクニックを知ったとしても、集中を支える肉体がしっかりとでき上がっていなければ、意味がありません。

健康な肉体こそが、集中を高める大切な条件なのです。

食事に集中せず、ガバガバと食べていないか？

通常、ご飯は箸《はし》でガバッとつかんで口に入れていく人がほとんどでしょう。しかし、私はお米を一気に口に入れることは、集中力の向上ということで考えれば、大変もったいないことだと思います。

ご飯を食べるというちょっとしたことでも、味覚を使った集中力強化法を実践できるからです。

お米をガバッと食べるのは普通のことなのですが、集中力を向上させたいのなら、少しだけ食べ方を変えてみましょう。

私が集中力向上のためにやっていただきたいのは、お米を一粒ずつ食べましょうということです。

そんなことをしていたら、いつまでたってもご飯を食べ終わらないと思われる人もいらっしゃるでしょう。私もすべてのお米を一粒ずつ食べなさいなどとは言いません。

一粒ずつ食べるのは、はじめの五粒だけで構いません。

これを実践すると、実感していただけると思うのですが、自然とお米一粒一粒に集中し、漠然と今まで食べていたご飯の時間が集中力のトレーニングの時間に変わります。

「お米ってこんなに甘いのか」「こんな硬さなんだな」ということに気づき、感覚を磨くことにもつながります。

これを研修の参加者の方々に実践していただくと、次のような五感の感度アップの感想をいただきます。
・今まで以上に料理の味に集中するようになって、香りなども意識するようになり、嗅覚が鋭くなった**【味覚、嗅覚の向上】**
・小さいお米に集中するようになってから、資料の細かいところにも目が行き、ミスも減ってきた**【視覚の向上】**
・一粒一粒しっかりつかむ意識が生まれ、手先が器用になった**【触覚の向上】**
このように、味覚、嗅覚、視覚、触覚の感覚が研ぎ澄まされるようになったとの声をいただきました。

五感が磨かれることで、集中力は当然高まります。

また、「一粒ご飯食事法」を行なうと、仕事面でもいい効果があったとの感想をいただきました。

メンタル面が安定し、仕事に冷静に向かうことができるようになり、効率につながったそうです。

感覚が研ぎ澄まされ、今まで気づかなかったことに気づけるようになり、意識のアンテナが立つようになってきます。

一粒ずつ食べることのメリット

「一粒ご飯食事法」を頭の働きからみてみましょう。

人間の脳の処理速度は入ってくる情報に合わせようとします。この特性を人間は持っており、小さなお米粒に焦点を合わせる習慣が身につくことによって、それよりも大きなものに焦点を合わせたときに、情報を今までより楽によりはっきりと処理できて、自分の能力を最大限に発揮できるようになります。

集中力の底上げを行なうためには、**日常の生活の一部にトレーニングをいかに組み込むかがカギ**となります。

多くの人は通常1日3回の食事をします。食事回数が少ない人でも、1日1回は食事をするはずです。

そう考えると、これは日常の習慣にちょっとした工夫をするだけでできるので、手軽にできるトレーニング法になります。

五感を鍛えれば、集中力は高まるので、ぜひ実践していただきたいと思います。

・明日からの仕事が不安で食事を味わえない
・テレビや携帯電話を見ながら食事をするので、料理を味わっていない
・細かいことに気が届かず、よくミスをしている

このような人は、すぐに「一粒ご飯食事法」の効果を実感できると思います。

脳を休めず酷使ばかりしてしまう

強い集中状態を持続させるためには、休息をとることが必要です。気合いや根性で長時間の集中状態を保つことはなかなかできません。

・午後の仕事中に眠気に襲われる
・午後から頭を使う作業が効率的にできない、文章作業、創造的な作業の能率が落ちてしまう
・午後の集中が途切れやすい
・睡眠不足でなかなか集中状態をつくれない

こういった人は、脳に休息を与えてあげることが必要です。どんな人でも、気持ち

だけで集中状態をつくることは難しいのです。

午前中はできていた集中が、午後になるとどうしてもできなくなる人は多いものです。頭が働かず、うまく仕事を進められないという悩みはよく聞きます。

1日の中で、「ここは重要だ」という場面で集中できなければ、どんなに気持ちで頑張ったとしても成果は出ません。

もし、午後の集中が低下するという人は、**昼休みに仮眠を取ってみてください。**これこそが、強い集中を生み出す秘訣なのです。

休息がなければ、人は集中することができません。

疲れがたまり、眠気を感じると、人はミスをしやすくなりますし、能率が下がってしまいます。

では、いつ仮眠を取ればいいのでしょうか。それは、昼食後です。

勉強の効率を上げるため、仮眠の習慣を取り入れる学校が増えています。学校で昼寝をすることで、効果絶大という内容の新聞記事もあるほどです。

脳を休ませる方法として、計画睡眠というものがあります。仮眠と言っていますが、実際は脳波を変えることが目的となります。

脳波は、目を開けて何かを作業しているときはベータ波という脳波になり、目を閉じればアルファ波になります。

計画睡眠は、1~30分の長さで行なうことが大事です。30分を過ぎてしまうと、夜の睡眠分を食いつぶしてしまうからです。

眠ろうとしなくても大丈夫です。目を閉じれば、アルファ波になるからです。**1分程度でも脳は休ませることができます。**

1~5分の仮眠は脳にたまった睡眠物質を分解することはできませんが、スッキリした感覚はつくることができます。

とはいえ、仮眠を取ると寝過ごしてしまうこともあるのではないか、と不安になる人もいらっしゃるでしょう。

これに関する予防策もすでにわかっています。それは、「○分後に起きる」と、起きる時間を3回唱えて目を閉じると、起きる数秒前に心拍数が上がって、体が起きる準備をすることが明らかになっています。

午後眠くなる前に、事前に昼休み中に1分でもいいので目を閉じてみてください。

頭がスッキリして、午後の仕事に集中力高く向かうことができるようになります。

Chapter 6　ポイント

- 目標を厳密に達成しようとすると、将来と今との自分のギャップで行動を起こせなくなる
- 脳は雑音を遮断するので無音状態にこだわらなくていい
- 軽い運動を行なうことで、集中を妨げない体をつくる
- お米は初めの五粒だけしっかり味わえば、五感が磨かれる
- 昼食後に、目を閉じ、脳を休める

おわりに

私は、前職のスポーツメーカー社員であった15年間に、あるシーンに数多く出くわしました。それは、一流アスリートたちが緊張する本番で、選手オリジナルの「儀式」を行ない、「リラックスした集中状態」をつくり、能力をいかんなく引き出し結果を出していたことです。

そして、競技種目に関係なく、共通した「儀式」があることに気づきました。

それを体系化し、あなたが向き合う様々な仕事、勉強の場面で、わずか〝30秒〟で一流アスリートと同じように、集中状態に入る技を本書ではご紹介しました。

私の仕事の8割は、全国の企業や学校での講演や研修です。そこで、よく相談されることが次のようなことです。

「いつも大切な本番で緊張してしまい、実力通りの結果を出せない」

「やるべきことに集中できず、時間だけが経ってしまい、毎日ダラダラと残業する習慣が身についている」

「集中法の知識はたくさん知っているけれど、どう実践していいかわからない」

そこで、今回は、より具体的かつ実戦的で、「30秒で集中できる！」をテーマに子供から大人まで、どんな方々にも役立つ内容を厳選してお伝えしました。

大切なことは、すべての内容をやることではなく、あなたの課題を解決し、目的が達成しやすい方法を選ぶことです。日常生活の中で、まずは1カ月間継続して、効果を実感していただければと思います。

「緊張で逃げ出したかった大勢の前でのプレゼンが、待ち遠しい仕事に変わりました」「私なりの〝ルーティン儀式〟を実践することで、どんなときも落ち着いて実力を出せるようになり、自分に自信が持てました」「子供時代に知っていたら、ストレスなく、もっと楽に人生を楽しめていたと思います」

このように、これまで約12年以上の間、全国の方々が実践し、好評をいただいている実証ずみの内容です。

ぜひ、この本を読むだけでなく、あなたの良き「実践本」として、これからの人生に、ご活用していただければ幸いです。

人生の金メダリストのあなたへ。

森健次朗

プロデュース　森下裕士
装丁　中西啓一（panix）
本文デザイン＋ＤＴＰ　佐藤千恵
校正　広瀬泉
編集　内田克弥（ワニブックス）

30秒集中法

著者　森健次朗

2019年2月10日　初版発行

発行者　横内正昭
編集人　青柳有紀

発行所　株式会社ワニブックス
〒150-8482
東京都渋谷区恵比寿4-4-9　えびす大黒ビル
電話　03-5449-2711（代表）
03-5449-2716（編集部）
ワニブックスHP　http://www.wani.co.jp/
WANI BOOKOUT　http://www.wanibookout.com/

印刷所　株式会社美松堂
製本所　ナショナル製本

定価はカバーに表示してあります。

落丁本・乱丁本は小社管理部宛にお送りください。送料は小社負担にてお取替えいたします。

ただし、古書店等で購入したものに関してはお取替えできません。

本書の一部、または全部を無断で複写・複製・転載・公衆送信することは法律で認められた範囲を除いて禁じられています。

© 森健次朗 2019
ISBN978-4-8470-9764-5